Plantes *pour* petits espaces

PLANTES *pour* PETITS ESPACES

STEPHANIE DONALDSON
&
SUSAN BERRY

KÖNEMANN

Titre original : *Plants for small spaces*

Traduction : Odile Koenig (p. 1-71),
Valérie Garnaud d'Esru (p. 72-140)
Réalisation : Les Cours, Caen
Correction : Anne Mingam
Fabrication : Ursula Schümer
Impression et reliure : Star Standard Industries Ltd.
Imprimé à Singapour

ISBN 3-8290-3880-1
10 9 8 7 6 5 4 3 2 1

SOMMAIRE

INTRODUCTION

Même si l'espace dont vous disposez pour jardiner est très limité, il n'y a pas de raison pour que vous n'arriviez pas à l'aménager avec goût et à en faire un endroit agréable et plein de charme. Une bonne maîtrise de l'espace vous permettra de le rendre aussi attractif qu'un grand jardin, en exploitant au mieux toutes ses

possibilités et tout l'espace disponible, même en hauteur, aussi bien par des plantations que par des cultures en pot. À cette échelle, chaque centimètre compte. Si petit soit-il, votre jardin devra être animé par un certain nombre d'éléments structurants forts comme une belle plante décorative, un pilier ou une statue, qui donneront à l'ensemble son unité.

EN-HAUT : *le moindre escalier peut devenir un endroit idéal pour héberger des plantes, comme le montre cette composition d'herbes aromatiques, d'impatiens et de chrysanthèmes.*

À DROITE : *pas un centimètre carré n'est perdu sur cette petite terrasse qui accueille un superbe décor de plantes annuelles estivales comprenant tabacs d'ornement odorants, pétunias et lobélias, pour la plupart suspendus ou posés en hauteur.*

PLUS L'ESPACE EST RÉDUIT et plus vous devrez l'optimiser pour réaliser un jardin correspondant au mieux à votre personnalité et à votre style de vie. Toutes les idées suggérées dans ce livre sont faciles à réaliser : elles ne font appel à aucune opération de construction dépassant le niveau de la simple fixation d'un crochet pour une suspension. Vous y trouverez des notions générales dont vous pourrez vous inspirer pour créer le jardin de vos rêves. Vous trouverez dans ces pages de nombreuses suggestions pour tirer profit du moindre espace disponible. Murs, rebords de fenêtres, portes d'entrée, escaliers, recoins, terrasses et balcons : partout vous pouvez installer des plantes rampantes, retombantes, grimpantes ou étalées, en pleine terre ou cultivées en pot, en bac ou en panier suspendu.

CI-DESSUS : *le charme architectural des plantes taillées en topiaire forme un intéressant contraste avec un arrière-plan très naturel.*

La culture en pot est un élément essentiel du jardinage à petite échelle et vous découvrirez dans ce livre une foule d'idées sur la forme et la taille des pots, ainsi que les conseils pratiques pour obtenir de magnifiques potées. La dernière partie de ce livre, vous permettra de sélectionner les plantes qui donneront le meilleur effet dans l'environnement que vous leur offrirez. Ainsi, saison après saison, vous enrichirez l'espace d'une palette complète de plantes de couleurs, de formes et de textures variées. Vous apprendrez ainsi qu'un petit jardin possède une atout majeur : il vous laisse du temps pour jardiner ; un luxe que les possesseurs de grands jardins ne peuvent s'offrir.

CI-DESSOUS : *l'ombre n'est pas un inconvénient dans un petit jardin : impatiens dans de vieux paniers métalliques, funkias, petites campanules bleues rampantes,* Heuchera *à feuilles pourpres et une foule d'autres plantes à feuillage décoratif se bousculent pour former un patchwork aux textures riches et variées.*

PRINCIPES DE BASE

Dans un espace réduit, les compositions et les associations de plantes doivent être faites avec le plus grand soin, si vous voulez en tirer le meilleur effet. Couleur de fond, effets immédiats, rythmes saisonniers : les plantes sont là pour conserver à votre jardin la diversité de ses couleurs et son intérêt, tout au long de l'année. Différents types de plantes peuvent être choisis en fonction de la nature du décor et de celle des surfaces.

CI-DESSUS : *des boules de buis bien taillées offrent un contraste de forme et de texture avec les lis ébouriffés. Les pots joliment rayés de blanc et bleu rehaussent la composition.*

À DROITE : *l'organisation assez stricte de ce jardin rythmé d'éléments architecturaux permet de mettre en valeur les potées colorées de plantes saisonnières.*

Il y a en général *deux façons d'aborder le jardinage : l'une qu'on pourrait qualifier de rationnelle, où le jardinier conditionne le choix des plantations à l'espace disponible ; l'autre, plus passionnelle, correspondant à celui qui brûle de cultiver telle ou telle plante et qui fait tout pour lui trouver une place. Le jardinier « rationnel » apprécie les jardins classiques, les effets de symétrie, les couleurs maîtrisées, alors que le jardinier « passionnel » est plus à l'aise dans un jardin plus libre, aux teintes vives, où les plantes grimpantes ou rampantes débordent de leur pot, dans un environnement qui relève plus du hasard que d'un plan préétabli. Mieux vaut savoir dès le départ ce qui vous correspond le mieux. Si vous rêvez d'un petit Versailles, si vous adorez les topiaires et préférez les décors monochromes, vous êtes du type rationnel qui aime tracer des plans sur le papier et consacrer du temps à la taille et au palissage. Si, au contraire, vous faites des achats d'impulsion et si vous aimez vous lancer dans des expériences, vous serez plus à l'aise dans un jardin libre et naturel. Votre choix fait, vous pourrez appliquer quelques principes simples. Ainsi, une plantation en hauteur dans un jardin classique sera composée en majorité de végétaux à feuillage persistant accompagnés de quelques plantes fleuries, tandis qu'un jardin informel bénéficiera d'une succession de floraisons riches en couleurs.*

CI-DESSUS : *les plantes à feuillage décoratif sont un contrepoint reposant aux fleurs de couleurs vives et créent un point d'attraction intéressant.*

PAGE CI-CONTRE : *des plantes cultivées dans des pots décoratifs, disposées de façon étagée permettent une utilisation optimale de l'espace tout en créant l'illusion d'un jardin bien plus vaste.*

JARDINER EN HAUTEUR

Dans un petit jardin, l'utilisation de plantes en pots pour garnir les murs et clôtures demande un important travail d'entretien. À long terme, la meilleure solution consiste à planter des espèces grimpantes en limite de terrain. En les choisissant avec soin, vous obtiendrez un effet décoratif toute l'année.

De nombreuses plantes grimpantes ont une floraison prolongée et un feuillage superbe parfaits pour animer le recoin le plus triste ou le mur le plus terne. Bien que la plupart des espèces grimpantes apprécient une exposition ensoleillée, on sera surpris de constater qu'un grand nombre d'entre elles, dont certaines variétés de rosiers, de chèvrefeuilles et de clématites, tout comme le lierre, se plaisent sur un mur à l'ombre (voir pages 120-121).

Pour cultiver avec succès des plantes grimpantes dans un petit jardin, le secret réside d'abord dans un choix judicieux des variétés et dans une bonne préparation du sol, puis dans des interventions régulières de taille et de fertilisation. On peut cultiver des plantes grimpantes dans des grands pots, mais elles pousseront mieux et demanderont moins de soins en pleine terre. Vous serez étonné par le peu de place exigée : il suffit, par exemple, d'une surface de 30 x 60 cm pour planter un chèvrefeuille et un *Solanum crispum* 'Glasnevin' (photo principale). On peut faire voisiner un rosier grimpant fleurissant tôt en saison, avec des lis et du romarin, à végétation plus basse.

EN HAUT : *une clématite se mêle à un jasmin étoilé* (Trachelospermum jasminoides).

CI-DESSUS : *un lierre japonais* (Parthenocissus tricuspidata) *ou une vigne vierge vraie* (P. quinquefolia) *couvriront rapidement un mur en briques, sans support, créant un arrière-plan idéal pour des potées plus colorées.*

À GAUCHE : *une clôture peinte en noir et tendue de fils de fer horizontaux sert de support à la luxuriante végétation estivale de roses 'New Dawn' et de clématites mauves 'Prince Charles'.*

PAGE CI-CONTRE : *cette plantation de chèvrefeuille et de* Solanum crispum *'Glasnevin' dans des tons contrastés de jaune et mauve produit un effet décoratif prolongé.*

POINTS FORTS DU JARDIN

Peut-être ne le savez-vous pas, mais votre jardin possède déjà son propre point fort – l'endroit vers lequel se dirige spontanément le regard quand on pénètre dans les lieux. Vous avez de la chance s'il est esthétique – un arbre, une belle plante architecturale ou une statue. Mais des éléments disgracieux peuvent tout aussi bien capter le regard et, dans ce cas, il est nécessaire de les enlever, de les camoufler ou de les supplanter par un autre centre d'intérêt plus agréable à l'œil.

SELON la taille et la forme de votre jardin, vous pouvez créer un ou plusieurs points forts. En règle générale, on considère que chaque partie distincte du jardin doit posséder son propre point focal. Il doit être déterminé en fonction de l'endroit le plus utilisé comme point de vue – évitez la multiplication d'éléments décoratifs qui aboutissent à une impression de surcharge et de fouillis. Le fait que le sujet ne soit pas observable en son entier depuis différents endroits contribue au mystère et incite le promeneur à poursuivre son exploration. Les jardins les plus réussis jouent souvent sur ce type d'effet.

Si votre jardin bénéficie d'un bel environnement, vous pouvez ajouter du relief et de la perspective en surélevant les éléments de décor afin qu'ils se détachent sur l'arrière-plan. En plaçant par exemple une statue ou une vasque sur un socle plutôt qu'au niveau du sol, vous renforcerez tout de suite leur impact visuel. Vous pouvez aussi planter un groupe de grands

arbustes derrière la statue ou la vasque pour attirer l'œil vers le haut. À l'inverse, si le paysage ne présente aucun intérêt, vous vous efforcerez d'attirer le regard vers le bas. Un bassin est particulièrement efficace, surtout s'il s'accompagne d'une petite cascade qui capte irrésistiblement l'attention. Les décors aquatiques donnent une dimension supplémentaire au jardin, procurant une impression de tranquillité et une note de fraîcheur particulièrement appréciable en été.

Le point fort, ou point focal, sert souvent à donner de la hauteur à un ensemble parfois un peu plat, surtout dans les petits espaces. Il suffit d'un élément décoratif fixé sur un mur, en jouant sur l'échelle et en choisissant un objet de grande taille, ou des plantes taillées en topiaire. Des éclairages bien placés renforceront l'effet théâtral à la tombée de la nuit.

Dans un jardin sans emplacement privilégié, vous pouvez utiliser un objet quelconque de grande taille, un escabeau par exemple, que vous placerez à différents endroits jusqu'à ce que vous découvriez l'emplacement qui produit le meilleur effet sur la forme et la perspective du jardin. Vous aurez alors votre point focal.

À GAUCHE : *cette statue de jeune fille attire le regard dans l'épaisseur d'une plate-bande herbacée. Elle est entourée de phlox et de balsamines* (Impatiens balsamina).

CI-DESSOUS : *une haie peut aussi servir de toile de fond à un élément décoratif. Ici, le jardinier a creusé une niche dans la haie pour y placer un buste en pierre. Une impression de mystère et de surprise gagne le promeneur qui n'avait pas repéré la statue au premier coup d'œil. En hiver, la plate-bande herbacée du premier plan disparaît pour révéler le buste dans toute sa splendeur.*

À GAUCHE : *un écrin de verdure ombragé a été créé à partir de cet élément de treillage qui laisse passer le regard tout en servant d'arrière-plan à un siège de jardin original. Le tout est complété par un masque de pierre fixé au sommet du treillage.*

À DROITE : *la base d'un tronc forme un point focal pour une statue et une plantation estivale de pétunias, marguerites, agapanthes et immortelles. Toutes ces plantes sont cultivées en pot et enlevées après la floraison. De cette façon, vous pouvez changer de décor à chaque saison.*

TIPI POUR GRIMPANTES

Les plantes hautes et colorées comptent dans un petit jardin car elles lui donnent volume et relief. Vous pouvez palisser contre un mur des plantes classiques comme des rosiers, des clématites et des chèvrefeuilles, qui formeront là une jolie toile de fond, mais vous apprécierez aussi les taches de couleur supplémentaires qu'apportent les espèces grimpantes annuelles – pois de senteur, capucines, ipomées et même haricots à rame – cultivables en pot, en les faisant grimper sur un support constitué de fins rameaux disposés en tipi.

BIEN QUE l'on trouve parfois en été des pois de senteur (*Lathyrus odoratus*) vendus en fleurs coupées, ils sont rarement aussi parfumés que les variétés du jardin. Cultiver une potée de pois de senteur présente un double intérêt – outre son parfum et sa couleur, elle fournit une masse de fleurs à couper.

Traditionnellement, les pois de senteur étaient plantés au potager en lignes, dans un sol très fertile. Les pousses latérales étaient impitoyablement pincées et seules les fleurs les plus belles, à pédoncule droit, étaient laissées jusqu'à leur maturité. Les hybrideurs concentraient leurs efforts sur l'obtention de grosses fleurs – aux dépens du parfum – au risque même de parvenir à des fleurs insipides, versions trop épanouies de leurs glorieuses ancêtres. Heureusement, on observe un regain d'intérêt pour les variétés anciennes et l'on peut de nouveau trouver facilement des graines ou des jeunes plants de variétés aussi colorées que parfumées.

Les pois de senteur supportent fort bien la culture dans de grands pots à condition de leur offrir un bon terreau de rempotage enrichi de fumier bien décomposé. Des apports réguliers d'engrais assurent une longue période de floraison. Celle-ci se trouve également prolongée en cueillant les fleurs ; le fait de les laisser monter en graines raccourcit la période de floraison.

La plupart des annuelles grimpantes ont besoin d'un traitement similaire, sauf les capucines qui préfèrent les sols pauvres.

COMMENT CULTIVER DES POIS DE SENTEUR EN POT

Comme support, vous pouvez utiliser des tuteurs ordinaires de 1,50 m de haut, mais des rameaux seront plus décoratifs et les pois de senteur pourront se faufiler entre les brindilles sans l'aide d'anneaux. Un pot de 40 cm offre suffisamment de place pour 10 à 12 plantes régulièrement espacées en périphérie. Les graines de pois de senteur sont grosses et faciles à manipuler. Semez-les dans un pot de 15 cm de diamètre, à environ 1 cm de profondeur et 1 cm de distance. Placez le pot à la lumière et gardez le terreau humide. Quand les plantules atteignent environ 8 cm de haut, transplantez-les dans un pot plus grand, avec les tuteurs ou les rameaux.

1 *Disposez des tessons de poterie au fond d'un grand pot pour faciliter le drainage avant de le remplir partiellement de terreau.*

2 *Transférez les plants de pois de senteur dans le pot, en les plaçant le long du bord. Complétez les vides avec du terreau.*

3 *Enfoncez fermement les rameaux ou les tuteurs entre les plants régulièrement espacées.*

4 *Attachez les rameaux ou les tuteurs pour donner au support une forme de tipi. Pour les tuteurs, un seul lien au sommet suffit, alors que plusieurs attaches peuvent être nécessaires pour les rameaux. Arrosez bien.*

À GAUCHE : *choisissez bien l'endroit où vous placerez les pois de senteur afin de profiter au mieux de leur beauté et de leur parfum. Un recoin ensoleillé et abrité, où vous aimez vous asseoir, ou à proximité d'une allée ou d'une porte-fenêtre où la senteur vous stoppera net.*

CI-DESSUS : *la cueillette des fleurs de pois de senteur encourage le renouvèlement de la floraison. Au cœur de l'été, vous pourrez en cueillir tous les jours, mais les tiges deviennent de plus en plus courtes à mesure que la saison avance.*

DÉCORS SAISONNIERS

Les petits espaces jardinés sont d'autant plus beaux qu'ils restent décoratifs toute l'année. Il est inutile de prévoir des choses compliquées ou coûteuses : deux ou trois belles potées sont suffisantes pour transformer, en hiver, un jardin un peu triste. De même, quelques pots de bulbes miniatures posés sur un mur ou une table vous attireront dehors dès les premiers rayons du soleil printanier pour saisir leur beauté et leur parfum.

VOTRE JARDIN, votre terrasse ou votre balcon peuvent évoluer au fil des saisons selon vos désirs. En principe, l'achat de plantes fleuries n'est pas recommandé en été, car en cette saison, leur floraison est assez courte. En hiver, en revanche, c'est un bon moyen pour réaliser rapidement des compositions dont la durée de vie sera bien plus longue.

Avec un peu d'organisation, vous pouvez obtenir un décor coloré toute l'année. Des bulbes plantés sous les plantes herbacées en automne procurent des teintes fraîches au printemps, avant le démarrage de la végétation. En été et en automne, des vivaces semi-rustiques et des annuelles égaient de leurs couleurs vives les potées et les bordures dégarnies. Les arbustes et les plantes grimpantes à feuillage persistant et à baies donnent de la couleur et structurent le jardin durant l'automne et l'hiver.

Pour changer le décor, vous pouvez réserver quelques pots que vous regarnirez chaque saison ; c'est presque une obligation avec les jardinières de balcon. En effet, si vous ne possédez que cet espace pour jardiner, il vous est impossible de déplacer la jardinière au fond du jardin quand les plantes sont défleuries. De telles compositions peuvent se pratiquer à partir de cyclamens, bruyères et pensées à floraison hivernale pendant les mois les plus froids ; petits scilles, primevères et narcisses nains au printemps ; verveines ou immortelles avec diascias et géraniums retombants en été ; et chrysanthèmes avec *Pernettya* et petites plantes à feuillage décoratif en automne. Si vous disposez d'une terrasse ou d'une petite cour, vous pouvez prévoir des décors saisonniers moins éphémères, vous contentant d'amener les pots vers l'avant ou de les repousser vers le fond en fonction du stade de développement des plantes.

À GAUCHE ET CI-DESSUS : *jardinière et petits récipients garnis de tulipes et autres fleurs printanières apportent une tache de couleur temporaire à un coin sombre du jardin.*

En haut, ci-dessus et à droite : *suspensions, jardinières de balcon et autres récipients de culture doivent conserver tout leur impact en hiver. Une jardinière de choux d'ornement pourpres et de bruyères roses (en haut) crée une tache vive pour l'automne, tandis qu'une suspension garnie d'un mélange de pensées et de primevères (ci-dessus et à droite) apporte de la gaieté au début du printemps.*

EFFETS IMMÉDIATS

Il est toujours préférable, bien sûr, de concevoir un jardin longtemps à l'avance, mais on n'a pas toujours le temps d'attendre. Vous voulez transformer votre jardin pour une fête ? Telle plate-bande estivale éclatante en début de saison manque maintenant de couleurs ? Un déménagement vous a fait hériter d'un jardin un peu triste ? Dans tous les cas, les plantes en pot vous permettent de réaliser des modifications rapides et spectaculaires.

POUR QU'UN PETIT JARDIN se présente toujours sous son plus bel aspect, vous devez mettre en valeur les plantes les plus attractives et écarter les autres. C'est possible en groupant des plantes en pot devant la toile de fond constituée par celles qui poussent dans les massifs ou sur les murs et qui constituent la structure du jardin. Placez à l'avant les plantes qui sont en train de fleurir et reléguez les potées défleuries à l'arrière. Des groupes de pots de tailles différentes, garnis de plantes herbacées, peuvent créer en un instant une plate-bande estivale ; agrémentées de quelques bulbes, ces potées donneront de la couleur au printemps. De nombreuses plantes persistantes poussent facilement en pot et peuvent contribuer à colorer le jardin même sans fleurir. Les espèces à feuillage panaché sont très précieuses, car elles renforcent l'intérêt de massifs qui, sans elles, seraient ternes. Une collection d'arbustes et de plantes vivaces peut être animée par des annuelles et bisannuelles colorées.

Le déplacement de gros bacs étant parfois une tâche pénible, affectez-leur un emplacement bien déterminé. Vous ne les bougerez qu'à l'occasion d'un réaménagement complet du décor. En revanche, prenez l'habitude de jouer sur la position des pots plus petits. Il n'est pas nécessaire de tous les déplacer mais il peut suffire de changer souvent la position de deux ou trois potées pour renouveler l'aspect du jardin.

Pour une modification importante, faites-vous aider et déplacez tous les pots radicalement. Profitez-en pour nettoyer, désherber et tailler pour rafraîchir les plantes. N'hésitez pas à former des grosses taches de couleur – deux ou trois potées bien fournies d'une seule couleur ont plus d'impact qu'une plantation mélangée.

À gauche et ci-dessus : *dès le premier coup d'œil, cette bordure (à gauche) révèle un riche mélange de plantes herbacées dans toute leur splendeur estivale. Tabacs d'ornement, immortelles, lysimaques, romarin et penstémons sont en pleine floraison tandis qu'un houblon doré se hisse sur son support. Ci-dessus, les plantes sont disposées dans des pots bien ordonnés que les feuillages cachent habilement, donnant l'impression d'une vraie plate-bande.*

Ci-contre et à droite : *un décor peut être créé instantanément au début du printemps avec des plantes achetées en jardinerie. Ce bac en bois est garni de narcisses, de cœurs de Marie blancs (Dicentra spectabilis 'Alba') et de campanules.*

FORMES ET STYLES DE POTS

Le pot est le roi des petits jardins – d'une grande souplesse d'utilisation, il permet des transformations qui seraient impossibles avec des plantations de pleine terre. Chaque pot est en fait un jardin

miniature dont vous pouvez maîtriser le style, les conditions de sol et de climat. Isolés ou en groupes pour un aspect plus fourni, les pots font partie intégrante du jardin.

CI-DESSUS : *chrysanthèmes et lis garnissent une petite étagère de jardin, attirant le regard vers leurs teintes colorées contrastant fortement avec le vert environnant.*

À DROITE : *pots décoratifs en terre cuite et en bois et panier rustique en bois participent au charme et à la diversité de ce petit espace jardiné.*

L'ÉPOQUE OÙ LE JARDINIER *devait choisir entre pot en terre et pot en plastique est révolue. Les jardineries proposent maintenant une large gamme de récipients de culture à des prix raisonnables, et des paysagistes peuvent vous fournir des modèles moins courants, depuis des imitations très réussies de bacs d'orangerie en fibre de verre jusqu'à des pots provençaux ou chinois richement vernissés, en passant par de belles jarres en terre cuite. Beaucoup de ces pots sont si décoratifs qu'ils risquent de créer un effet trop dominant. Il est souvent préférable de choisir un style simple et non spectaculaire. Les pots en terre cuite sont généralement bon marché et très décoratifs, mais beaucoup ne résistent pas au gel : utilisés pour les plantations estivales, vous devrez les rentrer en hiver. Dans les régions froides, il vaut mieux investir dans des pots non-gélifs. Si vous placez des soucoupes sous les pots en été, retirez-les impérativement en fin d'automne car même les pots les plus résistants se fendront si vous les laissez tremper dans une eau*

CI-DESSOUS : *une auge en bois rustique convient parfaitement aux espèces printanières : primevères, scilles et petites véroniques, qui seront remplacées plus tard par un décor de saison en été et automne.*

glacée. L'utilisation de pots en plastique glissés dans des cache-pot décoratifs évite d'avoir à jeter des plantes à floraison printanière encore bien fleuries pour installer les plantes estivales.

Les entreprises de récupération sont d'excellents fournisseurs de récipients insolites, surtout si vous recherchez un grand modèle. Vous y trouverez peut-être aussi des socles, des colonnes et des pots de cheminée. Chinez dans les brocantes et les marchés aux puces pour dénicher des récipients plus petits – vous pourrez garnir de plantes un vieux bain d'étain percé ou garnir un porte-bouteilles en métal de belles potées fleuries.

EN HAUT : *un vulgaire sac de terreau peut créer un effet décoratif si sa teinte s'harmonise avec les plantes qui y sont cultivées.*

CI-DESSUS : *de simples pots en terre cuite peuvent être peints avec élégance.*

POTS CLASSIQUES

Une jarre classique garnie d'une végétation luxuriante suffit à donner de l'élégance à un petit espace et à le rendre attractif. Qu'elle soit placée devant un fond sans ornement, en briques ou en pierres, ou devant une masse de plantes grimpantes, sa silhouette meublera l'environnement et attirera le regard. Son côté spectaculaire permettra de structurer le jardin et lui donnera de la hauteur en même temps qu'un petit côté solennel.

CERTAINS POTS jouent un rôle tout à fait secondaire par rapport aux plantes qu'ils hébergent. Ce n'est pas le cas des contenants classiques telles que les jarres en pierre ou en terre cuite. En hiver, ces beaux objets peuvent même être utilisés seuls comme éléments décoratifs. Au printemps, une jarre garnie de tulipes devient un point d'orgue au jardin tandis qu'une luxuriante plantation estivale, si elle en adoucit les lignes, n'en réduit pas moins son attractivité visuelle. Placez la jarre sur un socle ou une corniche pour la mettre en valeur.

Vous pouvez choisir des plantes architecturales (voir pages 122-123), à feuillage décoratif (voir pages 124-125) ou un mélange de plantes rampantes (voir pages 126-128) qui retomberont joliment sur le rebord de la jarre. Assurez-vous que couleurs et textures des végétaux sont en accord avec le style du récipient.

Pour une composition estivale, choisissez une plante centrale suffisamment importante pour qu'elle puisse rivaliser avec son pot. Elle doit atteindre la même hauteur que la jarre, avec une végétation bien étalée. Vous pouvez aussi utiliser des plantes à port érigé associées à des espèces rampantes. Arrosez les jarres tous les jours ; faites des apports réguliers d'engrais et supprimez les fleurs fanées – une telle composition attire inévitablement le regard et se doit d'être parfaitement entretenue.

GARNIR UNE GRANDE JARRE
Les grands pots ne gagnent pas à être plantés avec des grandes plantes de même taille. Un datura exubérant déborde de son pot et domine les autres plantes du massif. Les espèces à fleurs et feuillages variés créent un arrondi qui met parfaitement en valeur la jarre dans laquelle elles sont plantées. Les plantes utilisées dans cette composition sont présentées ci-dessous.

Datura (syn. *Brugmansia*)

Helichrysum

Salvia patens 'Cambridge'

Verbena

Plantation estivale

Cette vasque impressionnante produit un effet très théâtral au milieu de la verdure environnante. Les plantes utilisées sont :

Melianthus major

Helichrysum microphyllum

Pelargonium 'Voodoo'

Salvia 'Raspberry Royale'

Argyranthemum 'Flamingo'

RÉCIPIENTS INSOLITES

Le jardinier audacieux trouvera que les pots proposés dans la plupart des jardineries sont trop sobres, mais les autres modèles moins courants que l'on voit dans le commerce sont souvent très chers. Il existe cependant une multitude de récipients merveilleux que vous pourrez dénicher dans les brocantes, les chantiers de récupération et même dans votre propre grenier. Le jardinage est après tout un art qui doit permettre à chacun d'exprimer sa créativité et qui ne se résume pas à un simple choix de plantes.

QUAND VOUS ACHETEZ des pots neufs, vous attendez à juste titre qu'ils soient en bon état et qu'ils durent longtemps. Ce n'est pas nécessairement le cas avec les autres types de récipients qui sont souvent des objets mis au rebut parce qu'ils ne pouvaient plus remplir leur fonction initiale. Ils ne dureront peut-être que deux ou trois saisons avant de devenir réellement inutilisables mais vous aurez eu pendant ce temps le plaisir de recycler un élément original qui ne vous aura quasiment rien coûté.

Un panier en osier dépourvu de poignée n'est plus utilisable ; doublé de mousse, il deviendra un charmant refuge pour des œillets ou des fraises des bois.

La végétation envahissante de la menthe s'accommodera à merveille d'une vieille casserole percée par la rouille et placée à proximité d'une porte de cuisine, et une brouette en bois dont la roue vacillante est prête à tomber se transformera en récipient décoratif.

Le fait que vous n'ayez jamais vu un objet utilisé comme récipient auparavant ne signifie pas qu'il ne pourra pas remplir ce rôle. Si vous percez des trous de drainage et s'il offre une place suffisante pour le volume de terre nécessaire, pratiquement tout objet peut accueillir des plantations. Simplement, n'oubliez pas qu'insolite ne veut pas dire laid – si des vieux pneus ou un vieux pot de chambre peuvent être garnis de plantes, ils sont rarement décoratifs, aussi conservez votre sens esthétique quand vous partez à la découverte de nouveautés.

EN HAUT : *pleine d'originalité, cette tête d'animal sculptée est garnie de fougères et de graminées.*

À GAUCHE : *des récipients de cuisine hors d'usage font d'excellents conteneurs pour ces petits bulbes printaniers.*

À DROITE : *remplie de plantes grasses, une brouette devient un élément décoratif pour cette petite cour.*

PAGE CI-CONTRE : *quelques meubles mis au rebut sont à l'origine de cette forme inattendue de plantation en étage dans une petite arrière-cour.*

POTS EN VEDETTE

Un seul grand pot garni de belles plantes peut former l'objet dominant d'un petit espace et inspirer le reste des plantations. Il peut même constituer l'unique élément planté dans une zone qui, par ailleurs, se résume à un décor minéral de textures variées – pierres, briques ou dalles – finissant par se couvrir, avec le temps, de mousse et de plantes rampantes. On renforcera son impact visuel en le surélevant pour le faire émerger de la végétation environnante.

DANS UN PETIT JARDIN, vous pouvez tirer parti des recoins difficiles avec des combinaisons astucieuses de plantes et de pots. N'hésitez pas à vous inspirer des idées des autres et notez sur un carnet les bonnes associations. Des compositions observées dans des jardins célèbres peuvent souvent être reproduites à petite échelle avec bonheur.

Dans les espaces très réduits, il suffit parfois d'une seule plante, généralement à fleurs ou à feuillage de texture ou de forme intéressantes. Funkias, fougères, cordylines et lin de Nouvelle-Zélande (*Phormium tenax*) possèdent tous un feuillage intéressant ; lis, daturas et pivoines produisent des fleurs superbes ; enfin des artichauts (*Cynara scolymus*) offrent des feuilles gris argenté et de magnifiques inflorescences pourprées.

EN HAUT, À GAUCHE : *les feuilles luisantes de* Helichrysum petiolare *captent la lumière.*

À GAUCHE : *une coupe remplie de joubarbes trône fièrement au sommet d'une colonne.*

CI-DESSUS ET PAGE CI-CONTRE : *des grands pots garnis de plantes structurantes – funkia à feuillage panaché (ci-dessus) et fougère (à droite) – émergent résolument de la végétation environnante.*

AUGES

Les auges, jardinières et autres récipients de forme allongée, sont parfaits pour les espaces étroits comme les rebords de fenêtre et les balcons. Vous pouvez mettre en évidence un beau récipient avec des plantes basses colorées, tandis que des espèces à feuillage retombant sauront camoufler un aspect moins décoratif. Choisissez toujours quelques plantes odorantes dont les senteurs pénétreront dans la pièce quand vous ouvrirez la fenêtre.

LES AUGES sont constituées de matériaux divers – bois, pierre, terre cuite et métal. Choisissez des couleurs et des textures en accord avec les plantes. Si votre budget ne vous permet pas l'achat de récipients onéreux, pourquoi ne pas envisager le recyclage d'accessoires ménagers ? Les jardins les plus intéressants se distinguent souvent par des récipients détournés de leur fonction initiale. La plupart du temps, ces objets ont déjà servi, mais il est aussi possible de se procurer des récipients neufs pour les utiliser directement au jardin. Les bacs en plastique pour le trempage des papiers peints entrent dans cette deuxième catégorie. Bon marché, ils sont disponibles dans les magasins de bricolage, faciles à peindre, et de plus, très légers, avantage à ne pas négliger pour les jardins sur terrasses et balcons. Certains fabricants, ayant pris conscience de l'utilisation secondaire de leur produit pour le jardin, font des marques à la base du bac pour les trous de drainage.

Bien que moins solide que la plupart des autres matériaux, le polystyrène est apprécié par les plantes car il absorbe et retient la chaleur des rayons de soleil et, donc stimule la croissance des racines.

CI-DESSUS : *garni de pourpiers et de gazanias à floraison estivale, ce bac à papier peint a été recouvert d'une couche de peinture couleur terre cuite dissimulant sa fonction originelle. L'adjonction de quelques trouvailles, telles ces coquilles Saint-Jacques et autres coquillages, accroît l'effet décoratif.*

À DROITE : *Ces* Echeveria *fleuries adoucissent les contours de cette longue auge en béton. Les vergerettes* (Erigeron karvinskianus) *contribuent à donner un effet naturel.*

TRANSFORMATION D'UN BAC POUR PAPIER PEINT EN JARDINIÈRE

1 *Renversez le bac et percez les trous de drainage aux emplacements indiqués avec un tournevis et un marteau. En l'absence de marques, percez le fond de huit trous répartis sur deux lignes parallèles.*

2 *Peignez les côtés et le fond. Laissez sécher, puis peignez le rebord et l'intérieur jusqu'en dessous du niveau de la terre. Vous pouvez utiliser une peinture à émulsion de couleur terre cuite.*

PETITS POTS

S'ils passent généralement inaperçus dans un grand jardin, les petits pots font partie des composants essentiels d'un jardinet, d'une terrasse ou d'un balcon. Ici, il faut choisir chaque récipient en fonction de la composition à réaliser. Vous pouvez changer les plantes à chaque saison pour obtenir un décor continu ou sélectionner des espèces qui conservent un aspect attrayant toute l'année. Pour renforcer l'impact visuel, préférez les taches de couleur aux teintes mélangées, et placez les pots en groupe plutôt qu'isolés.

DANS UN PETIT ESPACE, les pots font partie intégrante de l'architecture et du décor du jardin. Ils contribuent à créer un style – des formes très structurées, même à petite échelle, renforcent le style classique de l'espace ; des récipients rustiques donnent une atmosphère de jardin campagnard ; et des pots vivement peints ou vernissés transforment une cour citadine en un coin de Méditerranée.

Un espace classique ne demande guère plus que des topiaires persistantes, adoucies ici et là par des pots garnis d'une variété de plante fleurie saisonnière en un seul coloris. Par exemple, un jardin blanc fera appel à des pensées (*Viola* × *wittrockiana*) en hiver, des narcisses au printemps, des tabacs d'ornement en été et des cyclamens en automne. Vous pouvez réduire l'échelle à volonté pour vous adapter à l'espace disponible ; on peut imaginer une composition posée sur une table qui comprendrait des variétés compactes de graminées ou d'arbustes persistants taillés et des lierres à petites feuilles palissés sur des supports.

Il est plus facile d'aménager un espace moins structuré avec des changements saisonniers de couleur et de style. Vous pouvez glisser des pots en plastique dans les récipients, ce qui facilite le remplacement des plantes.

À DROITE : *un* Ophiopogon *'Nigrescens' aux feuilles noires se trouve associé à une joubarbe noire. Le contraste est assuré par une véronique et une pensée rose pâle.*

CI-CONTRE ET À DROITE : *l'utilisation de variétés alpines, naines et compactes, comme ici, correspond parfaitement à des pots de faible volume.*

À DROITE : *évocateur des sous-bois, ce panier en écorce est le parfait complément des plants de muguet nichés dans leur lit de mousse.*

DÉCORS MINIATURES

Enfants, beaucoup d'entre nous aimaient réaliser des jardins miniatures. Composés de mousses, de brindilles et de petites fleurs, ils étaient souvent éphémères, mais on ne devrait pas abandonner cette forme de jardinage avec l'âge, car on peut éprouver beaucoup de plaisir en la développant de façon plus élaborée. Un récipient peu profond, choisi avec soin et garni de plantes alpines et autres espèces naines se transforme en un paysage miniature plein de détails charmants qui passeraient inaperçus au niveau du sol.

TOUT LE MONDE peut pratiquer cette forme de jardinage car elle nécessite un espace vraiment restreint – un rebord de fenêtre ou une petite table. Vous pouvez regrouper différentes plantes dans un seul récipient ou bien planter les espèces séparément dans des pots individuels et rassembler ceux-ci.

Si vous utilisez un seul contenant, il est préférable de le choisir long et peu profond, à l'échelle des plantes, de manière à créer un paysage miniature et non pas un simple mélange de plantations. Avant de retirer les plantes de leurs godets, faites des essais de positionnement dans le récipient choisi. Une fois le bon emplacement choisi, plantez-les dans un terreau de rempotage de bonne qualité, auquel vous aurez ajouté un peu d'engrais à libération lente. Entourez les plantes avec de la mousse pour une plantation printanière, hivernale ou automnale, avec une couche de gravier ou de sable grossier pour un décor estival. Outre leur aspect décoratif, ces deux matériaux de surface améliorent la rétention de l'eau et évitent les éclaboussures de terre sur le feuillage pendant l'arrosage. Les spécimens plantés en pot individuels bénéficieront aussi de ce genre de traitement.

À DROITE : *une auge miniature en terre cuite (la même contient une composition estivale sur la page ci-contre) est garnie au printemps avec des plantes typiques des jardins de campagne – coucous, primevères et violas.*

Plantation d'un décor miniature pour l'été

Une petite auge ou un récipient en bois convient parfaitement pour un jardin miniature car ils se placent facilement à hauteur des yeux sur une table ou un rebord de fenêtre. La composition demande beaucoup d'attention – choisissez des plantes dont les feuilles et les fleurs se compléteront, comme les plantes à floraison estivale présentées ci-dessous. Vous pouvez également choisir de garnir un contenant avec une seule espèce, comme des perce-neige au début du printemps ou des joubarbes en été, ou créer une plantation mélangée permettant d'apprécier des plantes rares ou insolites qui passeraient inaperçues dans les massifs.

Plantes pour le décor miniature estival

***Dianthus* 'Nyewoods Cream'**

Drosanthemum hispidum

Geranium cinereum

Sisyrinchium bellum

SUSPENSIONS

Les suspensions sont très appréciables dans les petits jardins. Alors que les autres pots utilisent les surfaces horizontales et verticales, les suspensions s'approprient une autre dimension. Vous pouvez réaliser des plantations mélangées ou ne planter qu'une seule espèce pour un effet plus marqué. Quand l'espace est rare, les suspensions peuvent même accueillir des herbes aromatiques ou des espèces potagères miniatures, telles tomates-cerises et salades à couper.

LES SUSPENSIONS sont d'authentiques jardins miniatures, avec pour principal avantage, par rapport aux autres formes de jardinage, un meilleur contrôle de l'exposition, des conditions de sol et des plantes. Elles demandent beaucoup d'entretien, car il faut les arroser et les fertiliser régulièrement, mais vous serez récompensé par une concentration de couleurs qui n'a pas son pareil dans le reste du jardin.

Autrefois, les suspensions ne servaient qu'aux plantations estivales ; garnies de plantes gélives colorées, elles animaient le jardin quelques mois seulement. Maintenant, les jardiniers les remplis-

PLANTES AROMATIQUES POUR SUSPENSION

Thymus

Rosmarinus

Tropæolum

Ocimum basilicum

CRÉER UNE SUSPENSION DE PLANTES AROMATIQUES
Un panier suspendu garni de belles touffes d'herbes aromatiques et placé à proximité d'une porte de cuisine (ci-dessus) est à la fois attrayant et utile. Une cueillette régulière maintiendra une croissance vigoureuse tout en fournissant la cuisine. L'adjonction d'une espèce à fleurs comestibles, comme la capucine (rouge, orange, jaune, abricot ou pêche), apporte une tache de couleur à l'ensemble.

Une suspension décorative toute l'année

Les suspensions sont souvent considérées comme des éléments du décor estival mais, garnies d'espèces à feuillage persistant et de plantes saisonnières, elles peuvent rester attrayantes toute l'année. Un mélange de belles fougères à port dressé, de lierre persistant rampant, de pervenches et de pensées constitue la base de ce panier suspendu (ci-dessous). Les pensées à petites fleurs bleues fleuriront pendant plusieurs mois si on prend le soin de supprimer les fleurs fanées et de rabattre de temps en temps la végétation pour stimuler la croissance des nouvelles pousses. Leur couleur fait ressortir les pervenches bleues.

sent de plus en plus souvent de plantes saisonnières pour le printemps et l'automne et, dans les régions au climat doux, elles sont parfois utilisées dans le décor hivernal. Les jardineries proposent de nombreuses plantes toute l'année et certaines commercialisent même des sélections prêtes à planter sur le thème de la couleur. C'est souvent un bon point de départ car les plantes retenues sont généralement adaptées à la culture en suspension.

Il est impératif de disposer d'un solide accrochage car, juste après un arrosage, un panier suspendu peut peser très lourd, sa chute risquant d'être très dangereuse. Pour une suspension colorée, il est préférable de placer le crochet à un endroit bien ensoleillé pendant la journée. Si cela n'est pas possible, il existe heureusement des plantes qui fleurissent à l'ombre et qui, mélangées à des espèces à feuillage panaché, offrent de belles taches vives – utilisez des pensées et des bulbes miniatures pendant les mois les plus froids et des impatiens tout l'été.

Plantes utilisées dans la suspension ci-contre

Polypodium vulgare

Dryopteris erythrosora

Cyrtomium fortunei

Vinca minor

Viola × wittrockiana

ENTRÉES ET ESCALIERS

Si certains endroits du jardin ne sont à l'honneur que par beau temps, ce n'est pas le cas de l'entrée ou des escaliers que nous sommes amenés à emprunter tous les jours, d'où l'importance de leur aménagement. Les escaliers font une merveilleuse vitrine pour les potées car les fleurs peuvent être admirées sous plusieurs angles, tandis qu'un portail d'entrée fournit un cadre parfait pour des plantes grimpantes.

CI-DESSUS : *fuchsias et clématites se mêlent à l'entrée de cette cour. De nombreux fuchsias poussent bien à mi-ombre, comme un certain nombre de clématites.*

À DROITE : *des espaces très réduits peuvent accueillir une étonnante diversité de plantes, grimpantes sur les murs et en pots sur chaque rebord et marche disponibles.*

Pour habiller l'encadrement d'une porte, *utilisez des plantes grimpantes, des paniers suspendus et des pots à fixer au mur. Si, de plus, vous adoptez des espèces rustiques et à feuillage persistant, l'entrée restera attrayante toute l'année. Une clématite persistante, telle la* Clematis cirrhosa, *fleurira en fin d'hiver s'il ne gèle pas, tandis que son feuillage bronze garnira les tiges nues d'un rosier grimpant, un panier de fougères continuera à produire un bel effet par temps froid et une plantation de lierres et de pensées maintiendra de la couleur dans une potée murale en hiver. Une fois défini l'espace à garnir, choisissez les plantes grimpantes avec soin – port raisonnablement compact, longue période de floraison et parfum agréable. Des plantes par ailleurs discrètes se feront remarquer si vous les placez sur un escalier. Des potées de perce-neige et d'hellébores sont un vrai régal avec leur floraison délicate au cœur de l'hiver. En été, herbes aromatiques et fleurs parfumées apprécient la chaleur renvoyée par des marches inondées de soleil, et leur senteur n'en sera que plus intense. En toutes saisons, un arrangement de pots produit un effet ravissant, mais n'oubliez pas que vous devez quand même pouvoir rentrer chez vous !*

Ci-dessous : *une plantation luxuriante de* Crocosmia *cache presque entièrement l'escalier qui mène à un petit portail surplombé de plantes grimpantes palissées sur une pergola.*

Page ci-contre : *une touche de classicisme a transformé une petite cour, et l'escalier qui y conduit, en un jardin élégant et rigoureux, avec des buis taillés en boule, des lauriers sur tige et de délicates bordures de pétunias.*

Portes d'entrée rustiques

Des guirlandes de roses encadrant une porte ont quelque chose de paradisiaque soulignant la beauté de l'extérieur et annonçant l'harmonie de l'intérieur. La réalité est souvent plus banale, mais il est vrai que des plantes garnissant l'encadrement d'une porte produisent toujours un effet très décoratif et constituent un grand plaisir tant pour les occupants que pour les visiteurs.

Au moment de sélectionner des plantes pour orner une porte d'entrée, vous devez garder à l'esprit certaines considérations pratiques, surtout si l'espace est limité. Placez les végétaux sur tige ou les topaires au-dessus ou au-dessous du niveau de la tête, pour éviter qu'ils ne risquent de griffer le visage ou qu'eux-mêmes soient endommagés par des passages répétés. Une végétation luxuriante est certes intéressante, mais des plantes rampantes peuvent finir par devenir plus gênantes qu'agréables, car elles demandent beaucoup d'entretien. Vous devez tuteurer solidement les hautes tiges florales car elles risquent de se casser à force d'être bousculées. Pensez à protégez l'extrémité pointue des tuteurs.

Choisissez des plantes grimpantes à floraison prolongée et plantez deux ou trois espèces différentes pour rallonger la période de floraison. Ajoutez si possible un persistant ou une plante grimpante qui produit des baies ou des fruits décoratifs.

Le parfum est un élément à prendre en considération pour ce type de plantation. On a toujours tendance à s'attarder sur le pas d'une porte et ce moment sera encore plus plaisant s'il s'accom-

À gauche : *houx et lierre à feuillage panaché persistant apportent une subtile touche de couleur hivernale près d'une porte peinte.*

À droite : *une potée de lis parfumés* (Lilium *'Casablanca') près d'une entrée constitue un élément très décoratif.*

CI-DESSUS : *un support décoratif fixé le long d'une porte retient une suspension garnie d'une cascade de lobélias blancs et bleus,* Scævola *et* Convolvulus sabatius. *Avec une taille régulière et des apports d'engrais périodiques, cette suspension continuera de fleurir jusqu'en automne.*

pagne d'agréables fragrances. Les plantes à feuillage aromatique dégagent souvent leur parfum quand on les froisse.

Plantez ces végétaux dans des pots ou dans les joints du dallage qui jouxte la porte. Parmi les plantes grimpantes odorantes, n'oubliez pas les espèces qui libèrent leur parfum en soirée, comme les lis et les matthioles. Les plantes hautes à grandes fleurs ont besoin d'un tuteurage (ci-dessous).

Si vous vous décidez pour une composition colorée, limitez la palette des tons. Un décor monochrome confère toujours une note élégante à une porte d'entrée, quel que soit le style adopté. Si la porte est peinte, choisissez des fleurs et des feuillages en harmonie ou en contraste avec la peinture. Les portes en bois brut ou patiné offrent généralement un aspect plus doux et s'accordent bien avec des tons pastel – bleu tendre, rose ou lavande.

À l'opposé des entrées de style classique, qui appellent souvent des plantations symétriques et maîtrisées, les entrées plus rustiques s'accommodent d'une absence de symétrie qui, au contraire, renforce le charme de l'ensemble.

Utilisez des plantes grimpantes pour garnir le dessus et les côtés de la porte, avec des paniers suspendus et des pots fixés au mur pour les parties plus en hauteur. Placez les suspensions de préférence sur un côté plutôt que directement au-dessus du passage pour éviter que l'eau d'écoulement ne mouille les passants lors des arrosages, qui doivent être fréquents. Meublez abondamment chaque côté de la porte avec des pots de tailles diverses garnis de plantes hautes et de plantes rampantes.

LE TUTEURAGE DES LIS

1 *Disposez quelques tessons au fond du pot, puis remplissez-le à moitié avec du terreau.*

2 *Ajoutez une couche de sable pour un bon drainage et placez les bulbes à intervalles réguliers.*

3 *Recouvrez de terreau. Enfoncez les tuteurs en les répartissant autour du pot.*

4 *À mesure que la plante grandit, attachez les tiges au tuteur avec un lien souple.*

CI-DESSUS : *dans une unité de blanc, de grandes potées parfumées de tabacs d'ornement sont disposées de part et d'autre de la porte sur un fond d'hortensias.*

PORTES D'ENTRÉE CLASSIQUES

Toute plantation se devrait d'être en harmonie avec son environnement architectural. Ainsi, des pots classiques, garnis d'arbustes persistants, s'accordent-ils mieux à une porte d'entrée classique et au goût des occupants que des vasques débordant de fleurs, exigeantes en entretien et relativement éphémères.

INAPPROPRIÉE aux maisons rustiques, la symétrie est un moyen facile d'ajouter une note de solennité et de style à une entrée plus classique. Les bacs de topiaires constituent un bon choix. Bien que demandant parfois un investissement initial coûteux, ils sont peu exigeants et restent décoratifs toute l'année. Il existe des alternatives aux topiaires, très satisfaisantes aussi. Une paire de plantes en pot placées de chaque côté d'une porte peut produire un effet saisissant – par exemple des hortensias blancs, des petites potées de pensées (ci-dessus) ou de muscaris évoquant la forme de topiaires, ou des plantes à feuillage plus structuré comme des cordylines ou des lauriers sur tige.

Pour réaliser le décor d'une entrée classique, vous ne pouvez pas acheter des jeunes plantes et attendre qu'elles grandissent. Au moment de l'achat, vous devrez tenir compte de la taille des récipients de culture et respecter quelques dimensions – même hauteur et même largeur que le pot pour des arbustes taillés en boule ; une fois et demi la hauteur du pot pour les pyramides ; et au moins le double de la hauteur du pot pour un arbuste sur tige. Si votre budget ne vous permet pas l'acquisition d'une topiaire déjà formée, mais que vous souhaitez obtenir un effet de ce genre, vous pouvez utiliser des structures en fil de fer ou des bacs surmontés d'un support en colonne et palisser des plantes grimpantes persistantes sur l'ossature – sa structure même contribue à donner un air de classicisme à la porte d'entrée pendant que les plantes poussent.

PAGE CI-CONTRE : *un groupe de plantes en pot à feuillage décoratif crée une composition saisissante. Jouez sur les contrastes de forme et de texture, comme ici. Un buis taillé en boule sert de toile de fond pour les feuilles de fougère et de funkia.*

LA MISE EN FORME DES ARBUSTES

Le buis est l'arbuste idéal pour le débutant qui veut se lancer dans l'art topiaire. Sa culture est facile, et une fois bien implaté, il produit chaque année une végétation abondante qui peut se tailler simplement en boules ou en pyramides. Vos premiers succès vous inciteront à tenter des formes plus audacieuses.

CI-DESSUS ET À DROITE : *la taille régulière des jeunes pousses pendant la période de croissance permet de garder un arbuste bien formé. Une taille irrégulière aboutit à la formation de grandes pousses et de vides qui nuisent à l'aspect compact de la topiaire.*

CI-DESSUS : *buis taillés en forme géométrique et placés de part et d'autre de la porte d'entrée pour un effet simple et élégant.*

SUSPENSIONS COLORÉES

Les fleurs aux coloris vibrants semblent absorber et renvoyer la chaleur du jardin estival ; même pendant les journées sombres, leurs teintes vives produisent un bel effet. Plantées dans un panier suspendu, ces fleurs pleines de gaieté dominent l'espace et imposent leur bonne humeur au reste du jardin. Impatiens (à droite), pétunias, capucines et géraniums retombants sont tous de bons candidats pour ce type de décor.

LES FLEURS DE TEINTE VIVE aiment généralement le soleil et vous ne devriez pas rencontrer de difficultés pour trouver des plantes adaptées à une situation ensoleillée. Les géraniums-lierres sont disponibles dans des tons rouge cerise, magenta et cramoisi foncé aussi bien que dans des nuances plus subtiles, et s'accordent à merveille avec les pétunias et les verveines de teinte vive. Les pétunias cascades à fleurs plus petites conviennent particulièrement bien aux paniers suspendus, et leur floraison est parfois si abondante qu'ils peuvent être utilisés seuls. Pour un effet plus osé, vous pouvez mélanger des couleurs qui passent traditionnellement pour discordantes – il peut paraître risquer d'associer de l'écarlate, du pourpre, de l'orange et du rouge cerise, mais en réalité l'effet produit est fantastique si le reste du jardin rivalise avec un tel déploiement de couleurs. L'impact est encore plus fort avec un arrière-plan architectural.

Pour un jardin ombragé, utilisez des pensées et des impatiens. Ces plantes qui aiment l'ombre poussent vite et donnent de la couleur à des espaces généralement consacrés aux espèces à feuillage décoratif et aux fleurs de teinte pâle.

CI-DESSUS ET À DROITE : *les couleurs vibrantes sont l'une des caractéristiques des impatiens, qui font d'excellentes suspensions pour les situations ensoleillées ou à mi-ombre.*

PLANTER UN PANIER SUSPENDU

1 *Tapissez le panier de mousse. Remplissez-le à moitié de terreau et, au besoin, de quelques granulés rétenteurs d'eau et plantez.*

2 *Continuez à ajouter des plantes, en en faisant passer quelques-unes par les côtés du panier, puis remplissez de terreau.*

3 *Pour obtenir une silhouette équilibrée, coupez toutes les pousses indésirables avec des ciseaux bien aiguisés.*

Vous trouverez des paniers suspendus de toutes les tailles, mais il faut tenir compte du fait qu'une fois plantés, leur diamètre sera beaucoup plus important. Vous pouvez acheter des plastiques préformés ou tapisser le panier avec de la mousse. Celle-ci est préférable car elle isole bien des vents desséchants et a une bonne capacité de rétention en eau. Son aspect est aussi plus naturel et il est facile de glisser les plantes par les côtés pour obtenir une silhouette plus arrondie et plus compacte de la suspension finie.

N'oubliez pas que les plantes s'étalent considérablement quand elles sont en pleine croissance ; néanmoins ne tombez pas dans l'excès inverse – rien n'est plus laid qu'un panier suspendu maigrelet et peu fourni. Il faut compter un mois pour que la suspension atteigne son plein développement. La photographie ci-dessus a été prise deux semaines après la plantation ; celle du panier suspendu bleu et argenté de la page 53, au bout de trois semaines. Les plantes ne poussent pas toutes au même rythme. Reportez-vous aux pages 126-129 pour les plantes appropriées.

UNE COMPOSITION JAUNE ET ROUGE

Les tons de jaune et de rouge, se détachant sur un feuillage vert, sont obtenus à partir des plantes présentées ci-dessous.

DE GAUCHE À DROITE : Sedum sieboldii, Coreopsis grandiflora, Begonia, *pensée à floraison estivale jaune* (Viola *sp.*), *pensée à floraison estivale rouge* (Viola *sp.*), Coleus blumei, *lierre* (Hedera helix) *et chrysanthème nain.*

Suspensions nuancées

Les paniers suspendus font partie des éléments de jardin les plus colorés. Ils permettent un gain de place puisqu'ils peuvent s'accrocher sur toute structure suffisamment solide. Les suspensions produisent un effet superbe quand elles offrent un kaléidoscope de couleurs, mais vous pouvez obtenir un aspect plus élaboré avec un nombre limité de teintes.

Il est possible de créer des harmonies ou des contrastes de couleurs avec tous les types de plantation, selon l'emplacement que vous réserverez à vos suspensions. Une disposition symétrique de part et d'autre d'une porte d'entrée renforce leur impact, mais un arrangement asymétrique peut parfaitement convenir dans un espace plus restreint. Si vous utilisez plusieurs suspensions dans une zone déterminée, il est préférable de les garnir avec la même sélection de plantes pour éviter un aspect fouillis. Vous pouvez aussi opter pour une teinte par suspension afin de créer des taches de couleurs – très jolies sur un fond de feuillages foncés.

Il est souvent astucieux de sélectionner l'harmonie des couleurs à partir de plantes qui fleurissent à peu près en même temps. Pour les suspensions, utilisez des plantes à port lâche, à croissance plutôt rapide et à floraison prolongée. Il est maintenant possible de trouver en jardinerie des collections de plantes dans un coloris précis : même si la sélection ne brille pas toujours par son originalité, c'est un bon point de départ que vous pouvez facilement étoffer avec un peu d'imagination.

Une composition rose et mauve

Les plantes ci-dessous, mélange d'annuelles et de vivaces, ont été utilisées pour réaliser la suspension présentée ci-dessus.
De gauche à droite : Lavandula stœchas *'Papillon'* ; Hedera ; Helichrysum petiolare *'Aurea'* ; Dianthus ; Pelargonium ; Impatiens ; Fuchsia *et* Viola × wittrockiana.

Une composition bleue et argentée

C'est également un mélange d'annuelles et de vivaces qui a permis la réalisation de la suspension ci-dessus, à base de pensées bleues.

De gauche à droite : Salvia officinalis ; Hedera ; Viola × wittrockiana ; Salvia farinacea ; Senecio maritima ; Viola × wittrockiana *et* Helichrysum microphyllum.

FEUILLAGES POUR ESCALIER

Les marches sont très précieuses dans un petit espace. Elles marquent les changements de niveau qui renforcent toujours l'intérêt d'un jardin, et mettent les plantes en valeur en les étageant. L'utilisation de plantes à feuillage décoratif va du simple lierre retombant en cascade d'un muret jusqu'à des compositions très élaborées de topiaires.

L'UTILISATION DE PLANTES À FEUILLAGE DÉCORATIF permet de conserver un escalier attrayant toute l'année, quelle que soit l'allure de votre jardin. Les escaliers rustiques sont souvent composés d'un mélange de matériaux – briques, pierre, tuiles, ardoises et même bois – séparés par des joints dans lesquels on peut planter des plantes rampantes tels les orpins, joubarbes, *Arisarum* et saxifrages qui s'étaleront dans un effet adoucissant. Cette méthode est très utile quand la place manque pour poser des pots sur les marches.

CI-DESSUS : *les feuilles longues et rubanées des* Chlorophytum *soulignent l'envolée d'un escalier.*

Dans les escaliers très classiques, le choix des contenants est important. Une collection de pots de matériaux divers ne convient pas car elle manque d'unité pour l'effet désiré. De simples pots en terre alignés de part et d'autre de l'escalier auront un impact bien plus fort qu'un méli-mélo de pots et de récipients.

Dans un arrangement classique, on peut utiliser des arbustes persistants à port compact et structuré, des arbustes sur tige ou taillés en topiaire, mais le choix ne se limite pas aux végétaux courants comme le buis, le laurier et le lierre. De nombreuses autres variétés de plantes moins communes conviennent parfaitement. Le jasmin étoilé (*Trachelospermum diffusum*) est une jolie plante grimpante à feuillage persistant avec des feuilles vertes brillantes qui se teintent de rouge en hiver et des petites fleurs blanches odorantes en été. C'est une espèce intéressante pour orner un escalier ensoleillé, tout comme le sont certains arbustes aromatiques cultivés sur tige comme le romarin, la santoline et l'armoise.

Pour les situations plus ombragées, inspirez-vous des jardins japonais. Des pots vernissés garnis de bambous serrés, d'azalées, de fougères et de rhododendrons, disposés sur un sol couvert de mousse et de galets dégagent une atmosphère luxuriante.

Dans les endroits venteux, il est préférable de choisir des espèces basses. Des auges ou vasques en pierre plantées de joubarbes ou d'orpins offrent un intérêt textural tout en supportant les intempéries.

Si vous appréciez les senteurs, notez que certaines plantes parfumées bénéficient aussi d'un beau feuillage. Une armoise bien taillée (voir page 56) est superbe dans un pot en terre cuite et c'est une espèce très aromatique. Le *Sarcococca*, à feuillage persistant, pousse lentement et produit en hiver des petites fleurs très parfumées.

CI-DESSUS : *de larges marches menant à une véranda accueillent une disposition étagée de belles plantes à feuillage décoratif, comprenant des buis en topiaire (dont le buis taillé en spirale sur la page ci-contre) et un citronnier.*

À GAUCHE : *des plantes à feuillage décoratif, comme des agaves ou des yuccas, peuvent être disposées de chaque côté de marches étroites.*

MARCHES PARFUMÉES

Le parfum dégagé par des plantes que l'on effleure est souvent très évocateur ; il peut faire ressurgir des souvenirs d'enfance, évoquer d'autres jardins ou rappeler des vacances d'été. Notre odorat influe directement sur nos émotions, c'est-à-dire sur la façon dont nous réagissons aux senteurs, les bonnes comme les mauvaises. Un escalier orné de plantes parfumées constituera la plus accueillante des entrées.

DANS L'ESPACE restreint d'un petit jardin, d'une terrasse ou d'un balcon, les plantes parfumées produisent leur effet maximal, remplissant l'air d'une fragrance qui aurait tendance à se perdre dans un volume plus grand. En concentrant des plantes aromatiques sur les escaliers, le long des allées et autour des portes d'entrée, chacune de vos sorties sera accompagnée de notes parfumées.

Si les marches sont suffisamment larges, la meilleure façon d'utiliser des végétaux odorants est de les planter en pots. Comme toujours dans un petit jardin, la culture en pots permet de déplacer les plantes, de mettre en évidence les plus belles potées du moment et de reléguer les plantes défleuries à l'arrière-plan.

On associe généralement les plantes parfumées avec le plein été. En fait, vous pourrez trouver des plantes à fleurs ou feuilles odorantes pour toutes les saisons. De nombreuses herbes aromatiques, comme la lavande, la santoline, le thym et le romarin, gardent tout ou partie de leur feuillage aromatique en hiver. En cette saison, certains arbustes produisent des fleurs parfumées comme l'*Hamamelis*, le *Sarcococca* et certaines espèces de *Viburnum*. Vous pouvez cultiver ces arbustes en bacs et les maintenir bien garnis par une taille régulière. À partir du début du printemps, ornez votre escalier de potées de bulbes odorants et de giroflées, sans oublier le délicieux bois-joli (*Daphne mezereum*). Plus on approche de l'été, plus la gamme de plantes parfumées s'élargit. Avec les senteurs puissantes de l'été, vous ne pourrez plus résister à la tentation de vous attarder sur les marches de votre escalier.

À GAUCHE : *impact fort d'une répétition de potées identiques dans un escalier.*

EN HAUT : *potée d'armoise très classique.*

CI-DESSUS : *des bulbes parfumés printaniers forment un décor étagé sur cette volée de marches.*

PAGE CI-CONTRE : *des plantes du Midi apprécieront la chaleur d'un escalier ensoleillé.*

MURS

Les jardins ne possèdent pas tous un beau mur maçonné, mais la plupart disposent d'éléments de séparation qui peuvent servir de supports pour des plantes. Vous pouvez aussi exploiter l'espace libre au sommet d'un mur en briques ou en pierre pour placer des potées qui, outre leur aspect décoratif,

décourageront les intrus. Les plantations verticales agrandissent l'espace ; n'hésitez donc pas à planter des espèces grimpantes, à garnir les murs de treillages ou d'étagères pour y poser des séries de petites plantes.

CI-DESSUS : *profitez d'une saillie ou d'un renfoncement pour y placer des potées. Ici, les pots garnis d'herbes aromatiques se détachent sur un fond de feuillage grimpant.*

À DROITE : *des pots colorés plantés de buis taillé et de* Muscari armeniacum *forment un alignement impressionnant au sommet de solides murs en briques.*

LA PLUPART DES JARDINIERS *rêvent d'un jardin clos de murs. Si ce bonheur est rare, la plupart des jardins possèdent au moins un mur, ne serait-ce que la façade de la maison. Dans une petite ruelle ou sur un balcon, les murs constituent la seule surface importante disponible à couvrir de plantes, qu'il s'agisse d'espèces grimpantes, de plantes disposées en étages, de pots muraux ou de paniers suspendus. Sur une petite terrasse ou dans une cour, en fleurissant les murs, vous libérerez une place précieuse pour installer une table et des chaises, ou un élément décoratif comme une fontaine, un bassin ou une statue.*

Un mur de pierres ou de briques crée un bel arrière-plan pour les plantes grimpantes, rampantes ou retombantes. Mais tous les murs ne sont pas de cette qualité ; certains ont parfois un aspect bien délabré qui demande à être camouflé. Face à ce genre de problème, le mieux consiste à peindre le mur dans une teinte sombre, puis à le garnir d'un treillage qui masquera discrètement les défauts

CI-DESSOUS : *fixés sur un treillage, les pots muraux permettent la création de compositions colorées qui évoluent au fil des saisons. Ici, des* Primula obconica *et des fougères apportent une tache de couleur.*

PAGE CI-CONTRE *(en haut) : un pot mural, moulé en forme de masque et garni d'impatiens, crée un point d'attraction sur un mur en briques. (En bas) Dans un recoin ombragé, au pied d'un vieux mur en pierres habillé de chèvrefeuille et de clématite, une composition faite de corydales, pavots, fougères et de vieux pots en terre cuite attire le regard.*

du mur et servira de support pour les plantes. Assurez-vous que les pots accrochés ne risquent pas de tomber et de blesser quelqu'un. Un treillage permet aussi de rehausser un mur ou une clôture. Peint d'une belle teinte verte ou bleue, il est esthétique en lui-même et fournit un support parfait pour des plantes grimpantes à vrilles, comme le chèvrefeuille ou la clématite.

THÉÂTRE D'AURICULES

Même dans les plus petits jardins, il arrive que des plantes soient dissimulées, au moment de leur floraison, par le feuillage de plantes plus grandes ou envahies par une voisine trop vigoureuse, surtout si les fleurs s'ouvrent au ras du sol. Utilisez des étagères ou d'autres structures fixées au mur, comme un vieux tamis de jardin, pour placer ces jolies discrètes à hauteur des yeux et en apprécier toute la beauté.

LES THÉÂTRES D'AURICULES (*Primula auricula*) constituent une tradition anglaise très ancienne d'origine flamande. Ils apparaissent en Angleterre au XVIIIe siècle : des tisserands flamands immigrés célébraient alors la « Fête de la Primevère » en présentant les plantes primées sur des étagères peintes en noir pour mettre en valeur les teintes contrastées des fleurs. La mode fut bientôt reprise par le beau monde et les passionnés se mirent à fabriquer des théâtres élaborés, drapés de velours noir et dotés de miroirs et d'éclairages, qu'ils garnissaient d'auricules primées pour impressionner leurs visiteurs et rendre jaloux leurs voisins. Bien que traduisant une certaine prétention, cette pratique n'était pas dénuée d'intérêt : beaucoup de variétés d'auricules finement marquées demandant une protection absolue contre le vent et la pluie pour produire et conserver leur splendeur.

De nos jours, peu de jardiniers ont assez d'espace ou de temps pour consacrer une partie de leur jardin à une seule variété de plante ne fleurissant qu'un mois à la fin du printemps ; mais il est possible de réserver un petit bout de mur pour exposer ces plantes quand elles sont en pleines fleurs. Le « théâtre » peut se limiter à une simple planche de bois montée sur équerres, mais si vous souhaitez quelque chose de plus décoratif, vous pouvez faire ou acheter une étagère en pin, puis la peindre en sombre avant de la fixer au mur. De vieux pots en terre cuite utilisés comme cache-pot donneront la touche finale.

Quelle que soit la forme de votre « théâtre », vous l'utiliserez toute l'année pour y exposer vos petits trésors. Depuis le début de l'année avec les perce-neige, chélidoines et crocus, en passant par l'abondance du printemps et de l'été, jusqu'aux riches couleurs d'automne des cyclamens et des bruyères, vous aurez toujours un nouveau tableau à admirer.

DIVISER UNE TOUFFE D'AURICULES

Pour avoir toujours à votre disposition des auricules belles et saines, il est conseillé de diviser les plantes après la floraison. Les jeunes plants reprennent rapidement et sont prêts à fleurir dès l'année suivante.

1 *Sortez délicatement l'auricule de son pot, enlevez la terre en excès et séparez les jeunes plants avec précaution en démêlant les racines.*

2 *Plantez les éclats dans des godets remplis d'un mélange de deux parts de terreau pour une part de sable grossier. Arrosez bien et placez les pots en situation fraîche pour l'été.*

À gauche : cette vieille étagère peinte en sombre a repris du service pour accueillir un théâtre d'auricules. En haut : 'Marie Creuse' et 'Walton' ; au milieu : 'Sirius' et 'Old Mustard' ; en bas : 'Marie Creuse' et 'Sandwood Bay'.

Ci-dessus : les auricules sont des plantes robustes qui ne demandent pas beaucoup d'attention. Cette vigueur leur vient de leur origine alpine. Les hybrideurs ont créé de nombreuses variétés, dont cette jolie primevère 'Walton'.

Ci-dessus : 'Sirius' est une variété d'auricule particulièrement intéressante pour le débutant. Elle est facile à cultiver et son abondante floraison offre un étonnant mélange de prune et de chamois.

SÉRIE DE POTS MURAUX

Les petits jardins en terrasse offrent souvent l'avantage d'être bordés de murs ou de clôtures pouvant accueillir des plantations supplémentaires. De même que vous accrochez des tableaux et autres objets décoratifs sur les murs de vos pièces, vous pouvez rendre votre terrasse plus intéressante en y plaçant des pots ailleurs qu'au niveau du sol. Garnir les murs et les clôtures crée un écrin de verdure et de couleur.

LES MURS sont des supports parfaits pour les espèces grimpantes, mais ils conviennent aussi très bien pour accueillir des potées de vivaces et d'annuelles. Vous renforcerez l'impact visuel de cet arrangement en disposant des pots de manière répétitive, soit sur le sommet du mur, soit en les accrochant à un treillage, et en les garnissant des mêmes plantes, comme les jardinières de lavande ci-dessous ou les petites potées de pensées qu'elles dominent. Les plantes à port retombant, tels les lierres à petites feuilles, peuvent être utilisées pour adoucir les lignes des jardinières et habiller le mur ou le treillage. Assurez-vous du bon état du support et appliquez un produit protecteur sur le bois.

Le treillage est idéal pour les espèces grimpantes plantées dans de grandes jardinières posées sur le sol, tout en offrant des points d'ancrage pour des potées murales qui assureront la couverture végétale en attendant le développement des plantes grimpantes. Les pots muraux doivent être fermement maintenus en place par de solides fixations (voir BRICOLAGE, pages 116-117).

À GAUCHE : *une disposition alternée de jardinières de lavande et de pots de lierre à feuillage panaché adoucit le sommet de ce mur tout en décourageant les intrus.*

À DROITE : *ce mur recouvert d'un treillage est agrémenté toute l'année de lierre et de plantes grimpantes persistantes. Les autres pots muraux complètent le tableau en accueillant des plantes colorées saisonnières comme, ici, des pétunias dans des tons de bleu et de pourpre.*

JARDINIÈRES MURALES

À moins de posséder un jardin ancien, il vous reste probablement une surface de mur ou de clôture nue que vous pouvez orner de jardinières murales en terre cuite. Même vides, elles ont un intérêt décoratif ; garnies de plantations saisonnières colorées, elles animeront un coin sombre. Vous pouvez aussi opter pour des végétaux à feuillage persistant qui resteront attrayants toute l'année et auxquels vous pourrez peut-être ajouter une tache de couleur avec une plante fleurie comme une pensée.

Il est essentiel de fixer solidement les jardinières murales en terre cuite car ce sont des objets lourds. Ne soyez pas tenté de suspendre une jardinière à un simple clou – avec le poids supplémentaire du terreau et des plantes, plus celui de l'eau d'arrosage, vous risqueriez de vous lever un matin et de retrouver votre jardinière et son contenu à terre et en mille morceaux.

Au moment de la plantation, utilisez un terreau spécial pour plantes en pots, de préférence avec un gel rétenteur d'humidité – les récipients en terre cuite se dessèchent beaucoup plus vite que ceux en plastique car l'eau est absorbée par l'argile et s'évapore plus facilement.

Ces jardinières demandent une plantation soigneuse et un entretien régulier. Choisissez des espèces adaptées à la culture en pot. N'oubliez pas que si la jardinière est exposée au soleil en été, elle peut atteindre une température très élevée du fait de la chaleur restituée par le mur qui s'ajoute aux rayons solaires. Il est donc inutile de sélectionner une plante qui flétrit sous le soleil direct et dont les racines ont besoin d'humidité. Si vous hésitez sur le choix d'une plante, demandez conseil en jardinerie ou inspirez-vous d'autres jardins. La sélection des couleurs dépend aussi de la teinte du mur ou de la clôture. Par exemple, des pétunias rose saumoné produisent un bel effet sur des pierres grises mais les briques rouges leur réussissent nettement moins bien. Les feuillages panachés se remarquent mieux sur un fond de couleur sombre que les feuillages unis verts.

À GAUCHE : *une jardinière murale joliment patinée est garnie de fleurs printanières roses et bleues. Les arabettes (Arabis) rose foncé, les pensées bordeaux (voir détail, en haut) et les violas violettes sont complétées par les muscaris bleus poussant sous la jardinière et les fleurs peintes sur le nichoir.*

Garnir une jardinière murale pour l'été

La jardinière au décor printanier photographiée sur la page ci-contre est maintenant garnie d'une plantation estivale plus exubérante (à droite). Alors que la jardinière est utilisée comme un élément décoratif au printemps, elle est dissimulée, en été, par une végétation luxuriante. Pour garder une telle composition impeccable, il est impératif de fertiliser, arroser et supprimer les fleurs fanées régulièrement. Au moment de la plantation, vous devez tenir compte de la teinte de l'arrière-plan – ce qui produit un bel effet sur un mur de briques peut sembler terne et banal sur un fond clair. Si vous n'êtes pas sûr de vous, optez pour les coloris vifs et chauds qui conviennent dans la plupart des cas.

1 *Disposez des tessons dans le fond de la jardinière, puis remplissez-la à moitié avec du terreau. Placez le* Felicia *au centre avec une verveine de chaque côté.*

2 *Plantez les deux* Helichrysum *à l'avant des verveines, de chaque côté du pot et garnissez la partie centrale avec le* Convolvulus. *Rajoutez du terreau.*

Plantes pour la jardinière murale estivale

Helichrysum petiolare *'Aurea'*

Verbena *'Loveliness'*

Felicia amelloides

Convolvulus sabatius

Cascades de fleurs

Une cascade de fleurs est toujours un régal pour l'œil et son impact sera encore plus fort sur une terrasse ou un balcon, ou encore dans un petit jardin. Pour offrir un bel aspect durablement, les plantes seront soigneusement choisies et l'objet de plus d'attention que dans les autres parties du jardin ; mais vos efforts seront largement récompensés. Le jardinier qui ne dispose que d'un petit terrain doit tirer parti du moindre espace disponible : les murs l'y aideront et avec un peu d'imagination, ils peuvent même devenir le point fort du jardin.

Quand vous choisissez des plantes fleuries pour garnir un mur, recherchez les variétés à floraison prolongée. Quelle que soit la beauté d'un rosier il n'aura guère d'intérêt dans un petit jardin s'il pousse exagérément et ne fleurit qu'un mois : préférez les variétés de rosiers buissons remontants. Si vous plantez en pleine terre et non en pots, étalez la période de floraison en mélangeant des plantes grimpantes fleurissant depuis le début du printemps jusqu'à l'automne. Les tiges ramifiées du cognassier du Japon, à floraison précoce, font un bon support pour les pousses grimpantes de clématites qui fleuriront au printemps et en été. La passiflore, appréciée pour ses jolies fleurs, pousse vite, mais il est possible de contenir sa végétation en la rabattant sévèrement au printemps. Vous pourrez ajouter de la couleur en été avec des annuelles grimpantes comme les pois de senteur, les ipomées et les Suzanne-aux-yeux-noirs (*Thunbergia alata*).

En Espagne, les murs des cours sont entièrement recouverts de potées suspendues de géraniums. Ce décor à base d'éléments répétitifs est très attrayant, les géraniums aimant particulièrement les conditions chaudes et sèches. Des étagères peuvent remplacer les suspensions ; elles sont alors fixées au mur ou posées sur le sol. D'autres plantes apprécient la chaleur et la sécheresse, comme les bégonias et les capucines, mais n'oubliez pas que ces plantes ont besoin de soins réguliers – fertilisation, arrosage et suppression des fleurs fanées – pour garder leur plus bel aspect.

En haut : *des grimpantes comme les clématites* (Clematis *'Victoria', en haut, à gauche) et les dentelaires du Cap* (Plumbago auriculata, *en haut, à droite) apportent des taches de couleur.*

À gauche : *des rosiers grimpants couvrent vite un mur, emplissant l'air de leur senteur.*

À droite : *des géraniums garnissent ce mur décoré à l'ancienne.*

TOPIAIRES EN POTS

L'art topiaire est la solution idéale pour un jardin élégant peu coûteux en entretien. Les topiaires jouent aussi un rôle important dans la structure du jardin quand les autres plantes ont disparu. Des végétaux à croissance lente, comme le buis et le laurier, sont taillés en formes architecturales et plantés dans des pots de terre cuite qui meubleront l'espace avec style. Vous pouvez aussi créer des topiaires avec des plantes à croissance rapide, tels le lierre et la clématite, en vous servant d'une ossature ou d'un gabarit. Vous obtiendrez un effet similaire pour un coût moindre, bien que ce type de topiaire demande un peu plus d'attention.

L'ASSOCIATION entre terre cuite patinée et feuillage taillé est particulièrement attrayante et, dans un petit jardin, de telles potées sauront donner une impression de perspective dans un espace que des plantes plus compliquées pourraient encombrer. Vous pouvez utiliser des pots en terre et des topiaires en jouant sur l'échelle et donner l'illusion que votre jardin est le fragment d'un jardin beaucoup plus grand qui ne serait pas accessible au regard. La plupart des grands parcs classiques en Europe doivent beaucoup à l'art topiaire, sorte d'architecture végétale, et les principes utilisés dans ces jardins sont tout aussi applicables à un petit espace.

L'entretien d'un jardin de topiaires est très simple. En dehors de la taille nécessaire au maintien de la silhouette, il suffit d'arroser régulièrement et de faire quelques apports d'engrais à libération lente, comme de la poudre d'os. Si vous choisissez des plantes à croissance lente, comme le buis, la taille ne sera pas trop ardue et vous verrez que vous prendrez du plaisir à la tâche. Quand vous taillez un buis, mettez de côté quelques-unes des plus longues tiges et, après avoir enlevé les feuilles de la moitié inférieure, repiquez-les dans un pot rempli de sable. Placez le pot dans un endroit frais pour l'enracinement et vous pourrez bientôt cultiver votre propre topiaire.

EN HAUT : *par un intéressant effet d'inversion, une boule en terre cuite émerge d'une base de lierres. Les feuillages du fond accentuent le fort relief de la boule en terre.*

À DROITE : *une symétrie parfaite n'est pas nécessaire pour qu'un arrangement de topiaires attire le regard. Ici, un pot carré rompt l'alignement, comme le fait le buis conique qui offre un contraste plaisant avec les autres formes en boule.*

TOPIAIRE RAPIDE

Tout le monde ne peut pas se permettre l'achat d'une topiaire adulte, et le processus de transformation d'un jeune plant de buis ou de laurier en topiaire peut prendre plusieurs années. Si cela vous effraie, vous pouvez opter pour des espèces grimpantes persistantes à croissance rapide, comme le lierre, et les conduire sur une ossature en fil de fer. Les jardineries proposent maintenant plusieurs modèles d'ossature. Le lierre à petites feuilles est sans nul doute l'espèce la plus facile à travailler.

À GAUCHE : *une ossature en fil de fer en forme de cône supporte un lierre et une clématite. L'ensemble est décoratif, même si les plantes n'ont pas encore entièrement rempli la structure.*

À DROITE : *palissé sur un gabarit en forme de boule, ce lierre a rapidement créé une topiaire. Le lierre peut se tailler facilement, dès que ses pousses deviennent trop indisciplinées.*

COMMENT RÉALISER UNE BOULE DE LIERRE

Plantez le lierre dans un pot de taille en rapport avec la forme souhaitée, séparez les tiges et enroulez-les autour des fils de fer pour couvrir au maximum la structure.

1 *Tous les quinze jours, enroulez les nouvelles pousses autour des fils jusqu'à ce que le gabarit soit entièrement recouvert.*

2 *À ce stade, vous n'aurez plus qu'à tailler les nouvelles tiges. Arrosez et apportez de l'engrais pour conserver la plante en forme.*

RECOINS

Dans les grands jardins, les petits recoins sont souvent négligés ou utilisés pour entreposer des débris ou déchets divers. Dans un petit jardin, où chaque mètre compte, il existe mille façons plus ornementales et imaginatives de valoriser le moindre recoin. Les plantes non rustiques y bénéficieront de l'abri des murs ; sinon, ce recoin permettra de mettre en valeur une plante architecturale comme la cordyline ou bien un ornement comme une statue sur un socle ou une vasque sur un piédestal.

CI-DESSUS : *un houx panaché* (Ilex aquifolium) *formé sur tige apporte une touche lumineuse dans un coin ombragé du jardin.*

À DROITE : *un petit bassin intégré dans ce recoin permet d'accueillir quelques plantes aquatiques et de zone humide (voir page 135).*

C'EST BIEN SOUVENT EN GARNISSANT DE VÉGÉTATION *les recoins d'un petit jardin que vous obtiendrez une impression de profondeur et de luxuriance rare. Un angle est ainsi la position idéale pour un grand arbuste ou un petit arbre. Choisissez une variété qui ne prenne par trop d'ampleur et ne fasse pas trop d'ombre. Pommier d'ornement et cerisier à floraison hivernale* (Prunus subhirtella 'Autumnalis') *sont des choix intéressants, alliant port compact (par la taille) et aspect ornemental. Au pied, plantez un tapis de bulbes, ou disposez des pierres plates sur lesquelles vous poserez des plantes en pot se plaisant à l'ombre, comme hortensias, rhododendrons, pervenches, hellébores ou fougères.*

CI-DESSOUS : *la majestueuse fritillaire impériale apporte une note colorée dans un coin sombre.*

EN BAS : *cette cloche ancienne entourée de plantes vivaces basses assure une présence intéressante même en hiver.*

Un coin dallé, appelant des plantations en pot ou en bac, ne pose pas de problème. Un grand bac cubique pourra constituer un massif surélevé qui, rempli de bonne terre, accueillera des plantes grimpantes partant à l'assaut des murs ou des plantes retombantes masquant les bords. Pour des plantations plus mobiles, groupez des pots de

différentes tailles ou bien installez une série d'étagères d'angle pour accueillir une collection de petits pots. Dans un angle toujours, une tonnelle au-dessus d'un banc ou d'un fauteuil, couverte de grimpantes parfumées et encadrée de potées aromatiques, deviendra un refuge idyllique.

CI-DESSUS : *cette composition estivale symétrique, groupant bégonias, géraniums et* Helichrysum, *encadrée de deux arbustes sur tige, attire l'œil dans un coin de la terrasse.*

EFFETS DE FEUILLAGE

Souvent sous-estimés, les feuillages jouent pourtant un rôle essentiel dans les jardins. Servant de faire valoir pour les floraisons, ils peuvent aussi tenir la vedette, dans les petits jardins notamment, et dans les coins d'ombre en particulier. Il existe une palette importante de formes, textures et teintes, sans compter que de nombreuses plantes à feuillage se prêtent à la réalisation de formes topiaires très décoratives.

DE PETITS SUJETS de topiaires, obtenus à partir d'arbustes à feuillage persistant et croissance lente comme buis, laurier et troène, ou de « fausses » topiaires comme le lierre, plante grimpante qui couvre rapidement un support, feront merveille dans un coin ombragé, occupant peu d'espace pour un impact visuel important. Outre que ces plantes exigent peu d'arrosages et d'apports d'engrais, elles supportent bien la sécheresse et ne demandent que des tailles régulières.

Vous obtiendrez une intéressante association de formes, teintes et textures si vous mêlez aux topiaires des silhouettes architecturales comme celles des *Phormium*, fatsias, ou euphorbes. Une telle réalisation, décorative en toute saison, est parfaite pour le jardinier qui a peu de temps à consacrer au jardin.

CI-DESSUS : *cette composition sur une table illustre la diversité des nuances dans la palette des verts. Formes argentée, dorée et verte de* Soleirolia soleirolii *et de* Calamintha *apaisante constituent des variations colorées sur un fond de lierre.*

À DROITE : *ce coin ombragé donne la vedette aux formes architecturales, lierre formé en topiaire, rosette de feuilles de la cordyline, devant un treillage recouvert d'une vigne vierge* (Parthenocissus quinquefolia).

***Hedera helix* 'Glacier'**

Hedera pastuchovii

COMPOSITION DE FEUILLAGES EN POT

1 *Placez quelques tessons sur les trous de drainage, au fond d'un contenant de bonne taille, puis étalez un peu de terreau au fond, de façon que le niveau supérieur des mottes arrive juste sous le rebord du pot.*

2 *Mettez les différentes plantes en place, puis comblez les vides avec du terreau de rempotage, en tassant bien autour des racines. Arrosez pour assurer un bon contact du terreau avec les racines.*

JARDIN D'HERBES EN POT

Lorsque la place manque, il est essentiel de choisir des plantes qui soient décoratives toute l'année, ce qui est le cas de nombreuses plantes aromatiques. Faciles à cultiver en pot, elles apportent saveurs et parfums dans la cuisine. Souvent à feuillage persistant, certaines espèces se prêtent bien à la formation en topiaire. Ce sont des plantes idéales pour les petits espaces.

QUE VOTRE PETIT ESPACE soit une cour en plein soleil, un balcon ombragé ou quelque chose d'intermédiaire, il existe des plantes aromatiques pour toutes les expositions. La plupart sont peu exigeantes. Cependant, les espèces méditerranéennes à feuilles étroites comme le romarin, le thym ou la sauge, apprécient une situation ensoleillée, tandis que celles de climat plus frais comme la menthe, la mélisse citronnelle (*Melissa officinalis*) ou l'oseille (*Rumex acetosa*) préfèrent la mi-ombre. La plupart des espèces sont vivaces mais quelques annuelles méritent aussi d'être cultivées. C'est le cas du basilic (*Ocimum basilicum*), si parfumé, annuelle non rustique qui demande soleil et chaleur, terreau très drainant ; du cerfeuil (*Anthriscus cerefolium*), annuelle rustique à saveur légère, anisée, qui se plaît à l'ombre d'autres plantes ; du persil (*Petroselinum crispum*), bisannuelle qui fleurit donc la seconde année et se plaît un peu partout.

Installez les plantes méditerranéennes qui apprécient les sols très drainant dans un terreau à base de terre additionné de sable grossier ou de gravier. À l'achat, elles sont souvent dans un terreau très tourbeux. Lorsque vous les rempotez, humidifiez bien la motte pour éliminer le plus possible de tourbe autour des racines, afin de la remplacer par de la terre. Ces plantes aromatiques robustes ne craignent que les fortes gelées, mais plus encore l'humidité stagnante en hiver.

Toutes les plantes aromatiques apprécient un paillis en surface du pot, pour mieux retenir l'humidité en été, protégez les racines du froid en hiver et évitez les éclaboussures de terre par forte pluie.

Les formes arbustives comme le laurier, le romarin et le myrte se prêtent à une formation sur tige. Supprimez les pousses latérales des jeunes sujets pour dégager une tige nue dans sa partie inférieure. Lorsque la hauteur voulue est atteinte, pincez l'extrémité de la tige pour favoriser le développement de pousses latérales et le buissonnement de la « tête » de l'arbuste.

EN HAUT : *un romarin* (Rosmarinus officinalis) *formé sur tige ne manque pas d'attirer l'attention.*

CI-DESSUS : *le laurier* (Laurus nobilis) *se prête aussi à la formation sur tige.*

PAGE CI-CONTRE : *groupez des plantes aromatiques de différentes tailles pour offrir des contrastes de formes et de textures de feuillages.*

Plante isolée dans un recoin

Si l'espace est très limité, si le temps manque, il suffit parfois d'une seule plante pour « habiller » un recoin dans un jardin où le minimum d'entretien est recherché. En renouvelant la plante ou en modifiant légèrement son environnement, vous assurerez un intérêt décoratif permanent. Quelle que soit l'échelle du recoin à aménager, il existe toujours une plante de taille appropriée !

Pour ceux qui ont peu de temps à consacrer à leur jardin, ceux qui veulent un joli jardin sans avoir à y travailler dès qu'ils ont un moment de libre, il faut rechercher des plantations demandant le moins d'entretien possible. Ce type de jardin risque cependant de devenir un peu lassant. Les feuillages persistants constituent toujours un excellent fond de décor, mais qu'ils escaladent les murs, cascadent en bas des marches, ils ne suffisent pas forcément à faire un jardin. Des éléments minéraux variés, associant dallages, pierres et graviers, voire des motifs en briques, peuvent faire beaucoup d'effet mais paraître un peu ternes si le premier plan n'offre pas un élément décoratif particulier.

Vous changerez complètement l'aspect d'un coin un peu oublié en y disposant trois ou quatre vieux pots de terre cuite garnis de plantes vivaces qui se relaieront pour attirer le regard au fil des saisons. Tant que les plantes ne sont pas à leur apogée, en matière de floraison par exemple, vous pouvez les placer ailleurs dans le jardin. Pour créer l'intérêt, associez des plantes très diverses par leurs formes, textures et teintes. Les funkias sont des plantes merveilleuses, avec leurs feuilles joliment ridées, dans des tons variés. Les plantes à feuillage panaché sont précieuses pour éclairer les coins sombres. Celles qui ont un feuillage pourpre se distingueront également sur un fond de feuillage persistant. Enfin, sélectionnez toujours au moins une plante à floraison généreuse. Comme touche finale, paillez la surface des pots d'écorce ou de fin gravier.

Ci-dessus : *de haut en bas, un phlox mauve, un funkia et une sauge pourpre.*

À droite : *oxalis à feuilles pourpres (ci-contre), pétunia, bégonia et pensée (tout à fait à droite).*

Page ci-contre : *le feuillage bleuté de l'*Hosta sieboldiana *'Elegans' en fait un beau sujet à isoler.*

FENÊTRES

Le plus petit des appartements offre toujours un appui de fenêtre où cultiver quelques plantes. Changez ce décor à chaque saison pour tirer le meilleur parti possible des feuillages et floraisons : bulbes au printemps, annuelles en été, feuillages persistants en hiver. Les parfums ont aussi leur rôle à jouer, en été

surtout, lorsque la fenêtre ouverte vous permet de profiter des senteurs d'œillet, de tabac d'ornement, de belle-de-nuit. Jouez aussi sur les couleurs, en composant des harmonies ou en peignant les jardinières pour égayer l'intérieur comme l'extérieur de la maison.

CI-DESSUS : *atmosphère estivale pour cette fenêtre soulignée de glycine, avec l'exubérance des pétunias, géraniums et* Helichrysum.

À DROITE : *une jardinière pour égayer l'hiver grâce aux teintes vives de la bruyère, du cyclamen et du chou d'ornement.*

Que vous habitiez une petite maison à la campagne, une maison de ville ou un appartement en centre ville, vous vous ferez plaisir, ainsi qu'à tous les passants, en aménageant vos appuis de fenêtres. L'idéal est de choisir plantes et contenants en harmonie avec l'architecture de votre maison. Quelques pots en terre cuite garnis de plantes un peu anciennes, comme des géraniums odorants, capucines, œillets mignardises ou primevères suffisent à créer une atmosphère champêtre sur un appui de fenêtre à la campagne. Vous soulignerez au contraire le style d'une maison de ville en plaçant sur chaque appui de fenêtre une jardinière associant formes topiaires et guirlandes retombantes, agrémentées de floraisons saisonnières dans une seule teinte. Dans un appartement où les appuis de fenêtre constituent le seul jardin possible, choisissez votre style selon vos envies – graminées dans des pots japonais vernissés pour un air oriental ; fleurs champêtres pour les nostalgiques de la campagne ; plantes aromatiques et mini-légumes pour les adeptes du potager, etc. Toutes ces plantes et bien d'autres peuvent pousser sur vos appuis de fenêtres.

CI-DESSUS : *ces jardinières garnies d'impatiens, lobélias et pétunias atteignent au cœur de l'été une folle exubérance.*

PAGE CI-CONTRE : *les cascades des géraniums lierre en pleine floraison estivale transforment les fenêtres les plus ordinaires.*

JARDINIÈRE D'AROMATES

Il n'est pas indispensable d'avoir un jardin pour cueillir ses aromates ; un appui de fenêtre suffit. Nombre de plantes aromatiques se prêtent particulièrement bien à la culture en situation chaude et sèche, peu différente finalement de leur habitat naturel, sur les coteaux rocailleux du bassin méditerranéen. La culture de ces aromates sur un appui de fenêtre vous permet par ailleurs de les avoir en permanence sous la main, par tous les temps.

SI LA PLUPART des légumes demandent à être cultivés sur une certaine surface pour permettre une récolte significative, ce n'est pas le cas des aromates pour lesquels quelques feuilles suffisent à relever la saveur d'un plat. Ainsi une jardinière rassemblant sauge (Salvia officinalis), thym citron (*Thymus × citriodorus*), romarin (*Rosmarinus officinalis*), origan (*Origanum vulgare*) et basilic (*Ocimum basilicum*) vous offrira une palette de saveurs pour vos repas d'été.

Pour pouvoir planter assez serré, choisissez une jardinière d'une profondeur suffisante, afin que les racines puissent s'y développer et trouver suffisamment d'éléments nutritifs pour leur croissance. Ajoutez du sable grossier au terreau pour améliorer le drainage, les plantes méditerranéennes redoutant tout excès d'humidité.

L'un des secrets de la réussite avec les plantes aromatiques réside dans la cueillette régulière de l'extrémité des jeunes pousses, avant qu'elles ne fleurissent. Elles continuent ainsi à former de nouvelles pousses et feuilles. À l'exception du basilic, ces plantes vivaces passeront l'hiver sans problème, sauf en cas de gelées très sévères.

Si vous ne disposez que d'appuis de fenêtre ombragés, choisissez des espèces qui préfèrent ombre et fraîcheur, comme le persil (*Petroselinum crispum*), le cerfeuil (*Anthriscus cerefolium*), la menthe – en haut un rameau de menthe à feuillage panaché – ou l'oseille.

COMMENT TRANSFORMER UNE JARDINIÈRE

Il existe maintenant tout une gamme de peintures et lasures pour le bois, qui le colorent et le protègent. Elles sont faciles à utiliser, de séchage rapide, non toxiques pour les plantes. Il est donc beaucoup plus simple aujourd'hui de décorer bacs ou jardinières en bois. Cette jardinière a changé d'aspect après l'application d'une lasure, légèrement poncée, puis d'une émulsion, à nouveau poncée pour obtenir un effet patiné.

1 Passez sur la jardinière une couche de lasure pour bois, bleu vif. Une fois sèche, poncez-la légèrement avec un papier de verre fin.

2 Appliquez une fine couche d'émulsion de teinte terre cuite sur le bleu.

3 Quand l'émulsion est sèche, poncez à nouveau avec le papier de verre à grain fin de façon à mêler lasure bleue et émulsion de teinte terre cuite pour réussir la patine. La jardinière peut ensuite être passée au vernis mat ou bien laissée telle quelle.

Plantes aromatiques pour la jardinière patinée

Origan
(*Origanum vulgare*)

Thym citron
(*Thymus × citriodorus*)

Sauge
(*Salvia officinalis*)

Basilic
(*Ocimum basilicum*)

Ci-dessus : *une jardinière de plantes aromatiques apporte une touche odorante près de la cuisine. Qui plus est, vous n'aurez pas besoin de sortir sous la pluie ou dans le froid pour cueillir les quelques feuilles ou pousses nécessaires !*

BOÎTES PEINTES

Les jardineries proposent quantité de poteries de jardin à tous les prix, mais il n'est pas toujours nécessaire de se ruiner pour avoir des pots décoratifs. Avec une couche de laque de couleur vive, vous pouvez transformer des boîtes de conserve vides en pots aussi fonctionnels que pimpants. Veillez cependant à ébarber si nécessaire les bords déchiquetés du métal et à les protéger par un ruban adhésif épais pour éviter de vous couper ultérieurement.

SI LES PLUS GRANDS JARDINS de ce monde sont une source inépuisable d'inspiration, il y a aussi des idées à glaner dans les petits jardins champêtres, les cours de ferme, où l'on « recycle » toutes sortes de matériaux ! Vieux pneus, seaux métalliques, bassines émaillées connaissent une nouvelle vie comme contenants pour des plantes. Aujourd'hui où le recyclage occupe une nouvelle place dans la société, prenez plaisir à transformer de banales boîtes de conserve en pots originaux.

Dans un petit jardin, de simple boîtes métalliques peuvent faire office de pots légers et colorés pour agrémenter murs, appuis de fenêtres ou autre. Garnis de floraisons saisonnières en contraste ou en harmonie avec la teinte de la boîte, ils assureront un décor intéressant au fil des mois. Ces boîtes de conserve peuvent devenir des pots ou de simples cache-pot dans lesquels vous glisserez un godet de plante aromatique par exemple. Dans ce cas, il n'est pas indispensable de percer des trous de drainage. Il suffit d'étaler au fond une couche de graviers ou de tessons pour éviter que la base du pot ne trempe dans l'eau.

CI-DESSUS : *pour un effet de fraîcheur, plantez des anthemis* (Argyranthemum frutescens) *blanches dans les boîtes.*

À DROITE : *plantez-y soucis et lobélias dont les floraisons contrastées orangées et pourpres créent une opposition chaleureuse avec le bleu des boîtes de conserve. Il existe également des variétés de soucis à fleurs doubles.*

Comment transformer des boîtes de conserve

Une couche de peinture peut transformer une boîte de conserve en pot élégant. Sélectionnez les plus grandes boîtes, qui correspondent à un pot d'environ 10 cm de diamètre, ou bien demandez dans un restaurant s'ils ont des boîres vides de dimensions supérieures (pour les collectivités, par exemple).

1 Percez des trous de drainage au fond des boîtes de conserve à l'aide d'un gros clou et d'un marteau.

2 Si la découpe de l'ouvre-boîte est irrégulière, couvrez le rebord tranchant avec un ruban adhésif épais.

3 Passez une couche de laque appropriée en veillant à recouvrir également le ruban adhésif. Laissez bien sécher.

JARDINIÈRES DE SAISON

Tandis que la plupart des activités au jardin sont suspendues durant les mois les plus froids, vous pouvez vous adonner aux joies du jardinage en pot sans mettre le nez dehors et sans risque de prendre froid ! Il vous suffit d'ouvrir la fenêtre pour planter, arroser, entretenir votre mini-jardin – que vous pourrez même rentrer pour l'occasion –, puis profiter bien au chaud des floraisons colorées qui se succèdent.

À DROITE : *cette composition printanière de petits narcisses et pensées met bien en valeur le bord festonné de la jardinière.*

QUI N'APPRÉCIE PAS la beauté d'une jardinière estivale débordante de fleurs, et de parfums qui envahissent la maison ? L'été est bien sûr une saison d'abondance et la jardinière subit la concurrence des autres floraisons. Son impact est tout différent en automne, en hiver ou au début de printemps, quand notre attention est plus tournée vers l'intérieur, que le jardinage est une activité presque oubliée et que l'on éprouve un plaisir tout particulier à découvrir des floraisons sur un appui de fenêtre quand le ciel est encore bien gris et les arbres dénudés.

Pendant les mois d'hiver, certaines techniques du jardinage en pot changent radicalement. Évitez par exemple les terreaux enrichis en granulés rétenteurs d'eau, qui favorisent plutôt la pourriture des racines. Utilisez un terreau de rempotage ordinaire ou un mélange fait pour moitié de terreau et de bonne terre de jardin. Les apports d'engrais sont rarement nécessaires, les arrosages réduits, et uniquement par temps doux et sec. La palette des plantes que vous pouvez cultiver en hiver dépend du climat de votre

THÈMES COLORÉS

Voici quelques suggestions de compositions sur un thème coloré pour chaque saison.

Décor hivernal
Bruyères (*Erica gracilis*) et cyclamens roses, pensées roses à floraison hivernale, lierres panachés.

Décor printanier
Muscari armeniacum, pensées et primevères bleu-violet et les mêmes lierres panachés.

Décor estival
Lobelia 'Saphir', *Felicia amelloides* bleu, sauge à floraison violette (*Salvia*), avec thym et lierres.

Décor automnal
Choux d'ornement pourpres, pensées mauves, conifère nain et lierres.

région. Prenez conseil auprès de votre jardinerie pour choisir des plantes adaptées et soyez prêt à accepter quelques pertes si l'hiver est exceptionnellement rude.

Comme la plupart des jardinières d'appuis de fenêtre sont à bonne hauteur et se prêtent bien à une observation détaillée, soignez la présentation. Choisissez des plantes assez denses qui souffriront moins du vent, recherchez les panachures originales, les floraisons délicates. En hiver, vous pouvez vous permettre d'acheter les plantes déjà fleuries car les fleurs sont généralement plus durables qu'en été. Après la plantation, couvrez la surface du terreau de mousse ou d'écorce pour une finition décorative et isolante.

À GAUCHE : *la même jardinière dans sa parure d'été, pétunias violets, coléus panachés,* Osteospermum *blancs et roses.*

À DROITE : *toujours la même jardinière dans son décor hivernal, cyclamens blancs et lierres panachés.*

BALCONS ET TERRASSES

En ville, le balcon ou la terrasse tiennent souvent lieu de jardin, ce qui ne signifie pas que votre imagination doive être bridée par cette surface limitée. La terrasse peut prendre l'aspect d'une partie d'un jardin beaucoup plus grand, en jouant sur une plus grande échelle et en utilisant des

miroirs. Sur un balcon, créez l'opulence du jardin de vos rêves en multipliant les niveaux de plantation par des étagères, des socles ou des colonnes.

CI-DESSUS : *une auge en bois rustique, garnie de géraniums roses, fait le lien entre la véranda et les plantations d'impatiens roses à ses pieds.*

À DROITE : *une belle dalle de marbre posée sur des chapiteaux doriques fait un superbe présentoir pour ces lierres menés en topiaire encadrant une jardinière de sauges mauves.*

*L*A PLUPART DES JARDINS *sur les toits ou des balcons sont composés uniquement de pots et de bacs, ce qui permet un agencement comme sur une scène de théâtre, avec changement de décor à volonté. Prévoyez les changements majeurs pour la fin de la saison, quand vous pouvez juger de l'état des plantes, en tailler certaines, en éliminer d'autres. Profitez-en pour faire un grand nettoyage des plantes et des dallages. Entre deux étés, jouez avec les petites plantes pour garder des touches décoratives. Les plantes en pot demandent bien sûr des arrosages très réguliers, ce qui prend du temps, mais il existe aussi des façons de simplifier ce travail. Ainsi, sous les pots, des soucoupes remplies de*

CI-DESSOUS : *au printemps, la table du balcon est parfaite pour exposer une collection de potées fleuries.*

gravillons garderont mieux l'humidité, de même que l'évaporation est moindre quand les pots sont groupés. Les pots en plastique ou en fibre de verre ne sont pas poreux et sont plus légers que ceux en terre, considérations non négligeables sur un balcon. Si vous n'aimez guère l'aspect du plastique, glissez ces pots dans des poteries plus décoratives. Si vous prenez l'eau à un robinet intérieur, faites l'effort de remplir encore une fois l'arrosoir quand vous avez terminé la revue des pots. Vous aurez ainsi de l'eau sous la main pour « ranimer » certaines plantes en cas d'urgence. Si vous disposez d'un robinet extérieur, envisagez un système d'arrosage automatique comme en proposent les jardineries. Un programmateur commande l'arrosage de chaque plante par de fins tuyaux. Une fois « rôdé », ce système vous délivrera de la corvée d'arrosage ! Pensez aussi à étaler un paillis de compost en surface des pots, pour retenir l'humidité et constituer un apport nutritif complémentaire.

CI-DESSUS : *fixez des balconnières à la rambarde du balcon pour étoffer le décor. Celle-ci est plantée de tulipes naines 'Plaisir', de saxifrages et de pensées.*

CI-DESSUS : *sur un grand balcon en courbe, aux larges murs, les plantations suivent l'architecture, avec des compositions saisonnières dominées, au printemps, par la floraison colorée des tulipes.*

Pots surélevés

Pour une bonne utilisation de l'espace d'un petit jardin, il ne suffit pas de faire pousser des plantes le long des murs. Vous devez aussi tirer parti de la verticalité à l'intérieur même du jardin : en surélevant certains pots par rapport à d'autres, vous mettrez en valeur les plantes individuellement plutôt qu'en masse et vous créerez de nouveaux volumes colorés.

Ci-dessus : *les mitrons de cheminée permettent de surélever les pots, comme ici pour cet ensemble de giroflées, narcisses, euphorbes,* Dicentra *et myosotis.*

À gauche et en haut à gauche : *utilisez les supports métalliques pour mettre des potées en valeur, comme ici ces guirlandes retombantes de lierre.*

Si l'on trouve des pots de toutes formes et tailles, les plus grands modèles ne sont pas toujours abordables, ni même pratiques pour une terrasse ou un balcon. Un ensemble de pots de taille similaire semblera vite lassant s'ils ne sont pas présentés à des hauteurs différentes. La solution la plus simple consiste à placer un pot sur un autre vide, retourné (une bonne façon d'utiliser ceux qui sont abîmés).

Les vieux mitrons en terre cuite des cheminées (poterie tronconique) constituent une solution à la fois efficace et décorative pour surélever des pots. Vous pouvez en trouver dans des brocantes ou braderies de villages. Avec plusieurs modèles de hauteurs différentes, vous aurez une intéressante série de socles. Certains sont décorés et plus coûteux, véritables ornements en eux-mêmes, mais les plus simples font d'excellents supports pour les potées, offrant une base stable à des pots en terre cuite.

Les supports métalliques ont des lignes architecturales intéressantes, qui se marient bien en particulier avec les topiaires ou les feuillages persistants. S'ils sont souvent coûteux, ce sont cependant de véritables éléments décoratifs pour ce type de plantation. Vous pouvez aussi utiliser à cet effet d'anciens supports métalliques de jardinière, cuvette ou autre, tout aussi élégants dans un cadre approprié.

Sur un balcon où la place est comptée, installez un socle devant de grandes plantes pour créer un niveau de plantation intermédiaire, entre le sol et les floraisons en hauteur. Vous constaterez rapidement que ces dispositions « étagées » contribuent à la qualité de la composition.

Pour les amateurs de style classique, colonnes et piliers font toujours beaucoup d'effet, couronnés de larges urnes et vasques, accueillant plantes architecturales ou guirlandes retombantes, selon la situation et l'impact recherché. Si votre budget ne vous permet pas de vous offrir de la pierre véritable, essayez des imitations en résine ou en fibre de verre, qui peuvent faire tout à fait illusion une fois envahies par la végétation.

Quoi que vous utilisiez pour surélever vos pots, vous obtiendrez aussitôt une nouvelle dimension, une profondeur qui fait paraître le balcon plus grand qu'il n'est. Avec un peu d'astuce et une végétation luxuriante, vous aurez presque l'impression que votre jardin n'a plus de limites !

Ci-dessus : *des plantations étagées en bordure de la terrasse, avec un support métallique et un tipi en vannerie, tracent la séparation entre la terrasse et le jardin. Les bulbes à fleurs, comme les tulipes, gagnent à être rapprochés de l'œil.*

À gauche : *sur un muret bordant la terrasse, ce chérubin présente de ravissantes primevères à fleurs doubles dans une corbeille en vannerie.*

COULEURS CHAUDES

Il n'y a pas si longtemps encore, il était de bon ton, en matière de jardinage, de privilégier les teintes douces, les harmonies subtiles. Le résultat peut être très satisfaisant et élégant, mais certains jardiniers amateurs de couleurs et de gaieté préfèrent les teintes plus vives. Heureusement pour eux, de même que l'on n'hésite plus aujourd'hui à utiliser des couleurs éclatantes pour la décoration intérieure ou l'habillement, les jardineries proposent une palette élargie de floraisons flamboyantes, de quoi satisfaire le plus extraverti des jardiniers !

À DROITE : *les teintes vibrantes de ces azalées et de ces géraniums, placés sur une table basse et une chaise, apportent une touche vive sur un balcon.*

L'ESPACE DES BALCONS ET TERRASSES est souvent si réduit que des plantations aux teintes douces risquent de lasser le regard. Un peu comme un papier peint discret, apprécié au premier instant mais passant ensuite inaperçu. Les couleurs vives au contraire attirent l'attention et ne peuvent être ignorées, surtout dans un espace réduit. Dans un souci de simplicité, vous pouvez n'utiliser qu'une seule couleur, voire une même variété plantée en nombre pour un effet de masse – comment rivaliser par exemple avec le rouge vif des géraniums ? Si vous préférez jouer avec les couleurs, offrez-vous l'exotisme et l'opulence en associant des soucis orangés, des héliotropes pourpres, des tabacs d'ornement vert acidulé, des pétunias rouge magenta, des verveines rose éclatant et des géraniums écarlates. Plantées en masses colorées ou mêlées en toute liberté, ces floraisons exubérantes feront frémir les esprits plus timorés ! Il est cependant essentiel que ces floraisons ne faiblissent pas : assurez des arrosages quotidiens, des apports d'engrais liquide réguliers, supprimez les fleurs fanées, les feuilles sèches ou les pousses abîmées lors d'une inspection bi-hebdomadaire pour stimuler croissance et floraison. Avec un entretien attentif des plantes, votre balcon débordera de couleurs du début d'été aux premières gelées.

À DROITE : *le choc des couleurs vives – ici des géraniums rouge vif et des lobélias bleu pourpré sur fond d'hébés – forme une association qui attire l'œil vers une petite niche.*

PAGE CI-CONTRE : *un rebord en pierre accueille une série de pots de géraniums d'un rouge éclatant.*

Délices en pots

Rien ne semble meilleur que les fruits et légumes de son jardin ! Même si un petit espace n'offre de place que pour une très petite production, à savourer tout particulièrement, ne vous privez pas de cet autre plaisir du jardinage. Nombre d'espèces légumières ou fruitières se prêtent à la culture en pot ou en bac. Choisissez cependant des espèces qui aient un caractère décoratif afin qu'elles s'harmonisent avec les autres plantes du jardin ou du balcon.

Ci-dessus : *une corbeille en osier tapissée de mousse offre un environnement idéal à la culture de fraises des bois. Posée à l'ombre sur une table de jardin, elle compose un ensemble très décoratif.*

Les horticulteurs savent bien qu'aujourd'hui, nombre de jardiniers n'ont ni le temps ni l'espace nécessaire pour produire leurs plants de légumes à partir de semis. Vous trouverez donc une palette de plus en plus large de variétés, vendues en plants prêts à repiquer, qu'il s'agisse de tomates, d'aubergines, de poivrons, de salades ou d'autres légumes. Vous trouverez même des formes miniatures d'arbres fruitiers. Choisissez toujours les plants les plus vigoureux, au feuillage brillant. Toute plante un peu faible ou étiolée est à proscrire.

Soyez réaliste dans le choix de vos plantations, aussi grande soit la tentation. Si votre jardin ou balcon est toujours plus ou moins à l'ombre, inutile d'essayer les tomates, préférez les petites fraises des bois qui l'apprécient. Règle d'or du jardinage, la bonne plante installée au bon endroit vous donnera toujours plus de satisfaction qu'une lutte permanente afin de contrer des conditions inadéquates.

Pour une production significative, les cultures fruitières et potagères demandent un terreau riche et des apports réguliers d'engrais tout au long de la saison de végétation. Étalez une couche de compost de jardin au fond du pot et incorporez au terreau un engrais à libération lente. L'autre solution consiste en des apports hebdomadaires d'engrais liquide pour stimuler la production.

Ouvrez l'œil et surveillez les divers parasites qui sont très friands eux aussi de vos tomates ou salades. Escargots et limaces en particulier peuvent anéantir en une nuit vos quelques plants de salades ou de fraisiers.

Pour éloigner ces mollusques redoutables, utilisez des granulés anti-limaces. Si vous préférez une solution moins chimique, étalez autour des pots des gravillons aux angles aigus ou une barrière de cendres de bois ou de sciure qui tiendront les escargots à distance en freinant leur progression.

Panier de fraises

Cette corbeille garnie de fraisiers des bois est facile à réaliser et très décorative.

1 *Tapissez l'intérieur de la corbeille d'une bonne couche de mousse de sphaigne pour maintenir l'humidité et retenir le terreau.*

2 *Remplissez la corbeille de terreau de rempotage et mettez les plants en place en tassant bien autour du collet. Arrosez.*

Ci-dessus : *les variétés de tomates-cerises, aussi décoratives que délicieuses à grappiller, sont parfaites pour la culture en pot.*

À droite : *si vos plants de tomates produisent en abondance, il vous faut soutenir les tiges. Ici, chacune est fixée à un tuteur, lui-même coiffé d'un godet en terre cuite pour éviter tout accident.*

UN BASSIN MINIATURE

L'aménagement d'une pièce d'eau est le rêve de bien des jardiniers, mais peut se révéler très coûteux quand il s'agit de régler les problèmes d'excavation, d'alimentation, d'installation d'une pompe électrique. La réalisation d'un bassin miniature dans une grande vasque, est une solution facile qui permet de profiter de quelques plantes aquatiques, voire de poissons.

En Chine, les cours intérieures sont souvent aménagées autour de grandes poteries vernissées placées sur des socles et plantées de beaux nénuphars. L'œil peut admirer de près la perfection des fleurs, tandis que les nénuphars y trouvent des conditions de culture qui, aussi curieux que cela puisse paraître, leur conviennent parfaitement.

Pour que les nénuphars fleurissent pendant de longs mois, il faut qu'ils bénéficient d'une eau profonde, calme, en plein soleil. La première année, la plante s'établit et ne fleurit pas forcément. Plantez également quelques plantes de berge pour obtenir des contrastes de feuillages. À la différence des nénuphars, ces plantes n'aiment pas l'eau profonde, mais apprécient d'avoir juste les racines immergées. En créant un épaulement sur un côté du bac, vous aurez un habitat idéal pour ces plantes de berge. Une fois planté et rempli d'eau, le mini-bassin atteint progressivement un équilibre biologique et le seul entretien nécessaire consiste à compléter le niveau d'eau quand nécessaire, à éliminer les algues qui se développent en surface, à la lumière. Pour cela, plongez un tuteur ou un bâton au milieu de la couverture d'algues et enroulez-les tout simplement sur le bâton pour les extraire.

Attention : ce type de bassin est déconseillé dans une cour ou un jardin où jouent de jeunes enfants ! Préférez alors un bac rempli de gros galets, accueillant quelques plantes de berge.

PAGE CI-CONTRE : *ce bassin miniature apporte une note paisible dans une petite cour et ne demande pour ainsi dire aucun entretien.*

COMMENT AMÉNAGER UN BASSIN MINIATURE

Il vous faut comme contenant un grand bac en poterie vernissée, résistant au gel. Il est bien sûr indispensable que la poterie soit vernissée, pour éviter que l'eau ne s'évapore par les parois. Vous trouverez des bacs de ce type importés de Chine et d'autres pays asiatiques, assez peu onéreux. Si le bac présente des trous de drainage, bouchez-les de façon étanche avec un mastic au silicone que vous trouverez dans les magasins de bricolage. Suivez les conseils d'utilisation du fabricant.

1 *Une fois les trous de drainage bouchés, tapissez le fond du pot d'une couche de galets lavés. La terre qui pourrait tomber au fond du bac demeurera ainsi sous les galets.*

2 *Plantez le nénuphar dans un panier de plantation doublé de toile de jute et rempli de terreau pour plantes aquatiques, achetés en même temps que le nénuphar.*

3 *Placez le panier avec le nénuphar d'un côté du bac. Une fois en place, couvrez la surface du terreau de petits galets pour éviter que la terre ne se répande dans l'eau.*

4 *Installez le bac. Créez un épaulement sur le côté opposé au nénuphar, avec quelques briques ou grosses pierres, puis placez les plantes de berge. Remplissez progressivement le bac d'eau, avec le tuyau d'arrosage. Laissez un peu déborder pour éliminer les débris de surface. L'eau, trouble pendant quelques jours, devient claire quand l'équilibre est atteint.*

JARDINAGE DE BASE

Pas besoin d'avoir de grandes connaissances en jardinage pour réussir des plantations dans un petit espace : vous pouvez choisir parmi d'innombrables plantes cultivées en pot dans les jardineries et leur entretien ne pose guère de problème. Si cependant vous voulez économiser de l'argent et devenir un véritable jardinier, il est bon d'apprendre à bien choisir les plantes, à leur prodiguer les soins nécessaires pour qu'elles demeurent belles le plus longtemps possible et à faire vos premiers semis ou boutures.

CI-DESSUS : *des pots tout simples peuvent devenir très décoratifs après une couche de peinture. Cette petite lessiveuse a pris une patine « vert-de-gris ».*

À DROITE : *une table permet de travailler à l'aise. L'idéal est de disposer, aussi, d'un espace de rangement dessus ou dessous pour les outils et les pots.*

OUTILS, POTS ET BACS

Les quelques outils indispensables à vos travaux sont présentés ci-dessous. Vous pourrez par la suite compléter cette panoplie avec du matériel plus spécialisé, par exemple si vous désirez faire vos propres semis. Pots et bacs existent sous toutes sortes de formes et matériaux, dont vous trouverez ci-contre un aperçu.

OUTILS

Rangez vos outils dans un endroit approprié, de préférence sec et aéré, pour éviter qu'ils rouillent. Installez-y si possible une table de travail où vous pourrez faire rempotages, semis, etc. Pensez aussi à tenir un « carnet de bord » de vos travaux pour y noter vos achats et l'emplacement des plantations. Cela vous évitera de rechercher ensuite où sont passés ces crocus, quelles sont ces pousses qui pointent !

Les outils indispensables

Quatre outils constituent la base de votre panoplie de jardinier

Sécateur

Couteau

Transplantoir

Fourche à fleurs

Tamis

Terrines et plateaux de semis

Produit pour la protection du bois

Pinceau

Fourche

Divers tuteurs

Tuyau d'arrosage (non indispensable mais utile !)

Pomme fine

Arrosoir

Lutte contre les parasites

Les insecticides sont distribués en aérosol ou vaporisateur, l'anti-limaces sous forme de granulés.

Vaporisateur

Granulés anti-limaces

TYPES DE POTS

Divers matériaux servent à fabriquer pots et bacs, certains chers, d'autres moins. Faites votre choix selon vos moyens, mais aussi selon la fonction recherchée pour le pot, et son emplacement. Pour attirer l'œil avec une vasque sur un piédestal, terre cuite ou pierre véritable seront des choix coûteux mais très ornementaux. Pour fleurir un simple appui de fenêtre, vous pouvez tout simplement recycler des boîtes de conserve peintes de couleur vive (voir en bas).

Terre cuite ▲
Le matériau peut-être le plus ancien et le plus traditionnel, qui se patine joliment avec le temps, n'est pas trop cher et convient pour ainsi dire à toutes les plantations. Inconvénients : il est lourd, cassant et gélif.

Pierre naturelle ▲
Très durable bien sûr, elle peut être ornée de sculptures. Aussi coûteuse que lourde, elle est très belle.

Fer forgé ▶
Ce type de contenant ou plutôt de support, léger et ornemental, apporte une touche baroque au jardin.

▲ Plastique et fibre de verre
Légers, durables, faciles à transporter, ces matériaux ont peu d'intérêt décoratif, sauf à les peindre ou à les habiller.

◀ Bois
Les bois tendres sont assez bon marché mais demandent à être protégés par un traitement spécial, sans quoi ils pourrissent rapidement. Lourd, le bois doit être utilisé avec parcimonie sur les balcons où la charge peut poser problème.

▲ Pierre reconstituée
Beaucoup moins cher que la pierre naturelle, la pierre reconstituée n'a pas l'élégance de la vraie. À base de ciment, ce matériau se prête au moulage, et autorise des formes variées.

À GAUCHE : *des boîtes de conserve grand format, ont été ici peintes d'un bleu vif et plantées de floraisons estivales colorées.*

POUR UN BON DÉPART

Avant de faire venir des plantes dans votre jardin, assurez-vous que vous disposez du minimum d'outils nécessaires à leur entretien. Veillez aussi à n'utiliser que des contenants et pots décoratifs, car dans un petit espace, ils font partie du décor presque autant que les plantes elles-mêmes.

VOUS POUVEZ ACHETER pour ainsi dire n'importe quelle plante qui vous plaît, dans le but de la transplanter dans un pot ou un bac. C'est la taille, ou l'âge, d'une plante qui détermine son prix. Elle sera d'autant plus chère qu'elle aura été cultivée longtemps par un horticulteur. Pesez les avantages et inconvénients des deux solutions. Pour une même dépense, vous aurez davantage de jeunes sujets, leur reprise sera rapide, mais ils mettront plus de temps à occuper l'espace imparti. Des plantes plus développées remplissent tout de suite l'espace mais leur reprise est plus délicate et elles sont nettement plus coûteuses. Vous pouvez faire vos achats par correspondance, en jardinerie ou chez un pépiniériste, selon que vous habitez en ville ou à la campagne, que vous recherchez des plantes rares ou courantes. Les pépinières spécialisées proposent bien sûr une palette plus vaste d'espèces et de variétés peu courantes, intéressantes, par exemple, si vous souhaitez constituer une collection. Certaines jardineries offrent par ailleurs du matériel de meilleure qualité que d'autres. Les indices d'une « bonne » jardinerie sont un étiquetage clair, des pots au terreau humide mais dépourvu de mauvaises herbes, des plantes indemnes de maladies ou parasites. Vous pouvez aussi vous essayer aux semis, au bouturage, à la culture des bulbes (voir page 112-113).

Taille des plantes
Plus la plante est grande, plus elle est chère, mais plus l'effet de volume végétal sera instantané. Faites appel aux petites plantes pour les dispositions en groupe, aux grands sujets pour une mise en valeur individuelle.

Jeune sujet
Skimmia japonica

Sujet à maturité
Skimmia japonica

CONSEILS POUR LE CHOIX DES PLANTES

- Vérifiez que la plante n'est pas à l'étroit dans son pot.
- N'achetez pas une plante dont le terreau est couvert en surface de mousses ou de mauvaises herbes, signe de négligence dans son entretien.
- Choisissez un sujet à la silhouette harmonieuse, aux tiges bien réparties et non étiolées.
- Assurez-vous que les feuilles sont vigoureuses, exemptes de maladies ou parasites visibles (inspectez la face inférieure).
- Proscrivez les plantes en pleine floraison, qui supportent moins bien transport et transplantation.
- Si la plante semble en piètre condition, voyez si les racines ne sortent pas par les trous de drainage sous le pot.

Les racines ne doivent pas être à l'étroit, car elles puisent l'eau et les éléments nutritifs.

Terreaux

Si votre jardin se résume à un appui de fenêtre, un balcon ou une terrasse sur le toit, il vous faut un volume de terreau (support de culture à base de terre ou tourbe) suffisant pour remplir tous les contenants prévus. Plus les sacs sont gros et moins ils sont chers, mais aussi plus difficiles à manipuler. Tenez en compte si vous avez des escaliers à gravir !

Il vous faut au moins deux types de terreaux : un pour toutes les plantations et rempotages courants, un autre pour la multiplication (semis, boutures, etc.), le premier étant plus riche en éléments nutritifs. Certains types de plantes, enfin, exigent un mélange particulier : terreau acide pour les rhododendrons ou les camélias par exemple. Pensez aussi à utiliser des terreaux à base de tourbe artificielle, pour économiser les ressources naturelles en tourbe.

Plantes élevées en conteneur

La plupart des végétaux commercialisés sont aujourd'hui élevées en conteneur ; vous les transplanterez tout simplement dans le contenant de votre choix. Certaines plantes, les arbres en particulier, sont souvent présentées « à racines nues », c'est-à-dire sans motte. En période de repos végétatif, ils peuvent survivre plusieurs semaines sans terre autour des racines.

Ce palmier cultivé en conteneur peut être transplanté après achat dans un bac assez grand, ou planté en pleine terre.

Faites tremper les racines des arbres et arbustes livrés racines nues avant de les planter en bac ou en pleine terre.

Rempotage

La façon de rempoter une plante dépend en grande partie du type de végétal concerné et de la forme de son système racinaire. Bien évidemment, les racines doivent être couvertes de terreau, les tiges dégagées. En règle générale, prévoyez un pot ou contenant d'un diamètre supérieur de 10 cm au diamètre de la motte de la plante. Si le pot est trop petit ou trop grand, la reprise est plus difficile. Quant au trou de plantation réalisé dans un massif, il doit bien sûr être assez large et profond pour accueillir toute la motte de racines. Le rempotage courant consiste à transplanter la plante dans un pot plus grand, dans du terreau frais, une opération à entreprendre généralement tous les deux ou trois ans. Si les racines commencent à pointer par les trous de drainage, il est temps de rempoter. Choisissez un pot un peu plus grand que le précédent (3-4 cm en plus), de façon à glisser un peu de terreau frais tout autour de la motte existante. Avant le rempotage, laissez légèrement sécher le terreau, la motte se détachera plus facilement des parois.

Bulbes

Les bulbes sont généralement plantés plusieurs mois avant leur floraison : ceux à floraison printanière sont mis en place en automne, ceux à floraison estivale entre le début et le milieu du printemps.
La profondeur de plantation dépend de la taille du bulbe : plantez-les à une profondeur égale à deux fois la hauteur du bulbe. Quand la floraison est terminée, déplacez les potées de bulbes vers un coin plus discret du jardin, le temps que le feuillage jaunisse et que les bulbes reconstituent leurs réserves pour la floraison suivante.

1 Maintenez la plante par la base des tiges, retournez et tapotez le pot pour en extraire la motte. Étalez au fond du nouveau pot une couche de graviers et un peu de terreau.

2 Mettez la motte en place dans son nouveau pot, bien centrée, et comblez les vides avec du terreau. Tassez doucement autour du collet, puis arrosez bien.

Les écailles des bulbes de lis peuvent être séparées en automne du bulbe-mère, mises dans un sac plastique rempli de tourbe (avec un fongicide) et placées dans le noir pendant 12 à 14 semaines. De minuscules bulbilles blanches se forment à leur base et peuvent ensuite être rempotées.

ARROSAGES ET ENGRAIS

Arrosages et apports réguliers d'engrais sont indispensables au bien-être des plantes, surtout celles cultivées en pot, dont le terreau peut sécher ou s'appauvrir rapidement. Pour conserver des plantes saines et vigoureuses, il existe différents types d'engrais, granulés à libération lente diffusant les éléments nutritifs durant toute la saison de végétation, ou bien engrais liquide « coup de fouet ». Ne négligez pas non plus les arrosages, souvent quotidiens pour les plantes en pot au plus chaud de l'été.

APPORTS D'ENGRAIS

Dans le volume restreint d'un pot, les plantes ne survivent pas longtemps sans apports réguliers d'engrais. Faites votre choix parmi les différentes formes proposées.

Les granulés d'engrais à libération lente peuvent être incorporés au terreau lors de la plantation ou du rempotage. Ils libèrent progressivement les éléments nutritifs, durant toute la saison de végétation. Le terreau ne doit pas sécher pour qu'ils libèrent les éléments nutritifs, aussi, arrosez très régulièrement.

Les engrais liquides sont à utiliser chaque semaine, du printemps à la fin de l'été. Diluez-les selon les indications du fabricant et arrosez en surface du terreau. La plupart sont des engrais polyvalents, mais il existe aussi des formules plus spécifiques, pour stimuler par exemple floraison ou/et fructification.

Les engrais en poudre peuvent être ajoutés au terreau à la plantation pour un apport à long terme, ou bien saupoudrés en surface de la terre d'un massif, en évitant tout contact avec les tiges.

Comment utiliser les engrais en poudre

Saupoudrez l'engrais en surface du sol puis incorporez-le dans la couche superficielle avec une fourche à fleurs. Si le sol est sec, arrosez après avoir épandu l'engrais afin qu'il soit entraîné au niveau des racines.

Comment utiliser les engrais liquides

1 Diluez l'engrais liquide dans l'eau selon la dose conseillée par le fabricant, puis mélangez bien pour éviter tous risques de brûlures des racines.

2 Versez l'engrais dilué directement sur le terreau autour du collet de la plante, ou pulvérisez-le comme engrais foliaire. Dans les deux cas, les éléments nutritifs sont vite absorbés.

ARROSAGES

Les potées sèchent très vite par temps chaud. Dans un petit jardin peuplé de pots et de paniers suspendus, l'arrosage est la principale tâche du jardinier en été. Les paniers suspendus demandent alors jusqu'à deux arrosages par jour. N'arrosez pas en plein soleil car les gouttes sur les feuilles peuvent causer des brûlures par effet de loupe.

1 Avec un crayon, faites quelques petits trous sur le pourtour de la motte pour favoriser la pénétration de l'eau jusqu'aux racines.

2 Veillez à apporter une quantité d'eau suffisante, de façon que le terreau soit aussi humide en profondeur qu'en surface.

Comment faire revenir à elle une plante assoiffée

Mieux vaut arroser peu et souvent que l'inverse. Si une plante est assoiffée, flétrie, essayez de la réhydrater en plongeant le pot dans un seau d'eau pendant 10 minutes. Le terreau est entièrement imbibé d'eau lorsqu'il n'y a plus de bulles qui s'échappent en surface du pot.

À DROITE : *il est plus facile d'arroser les suspensions et pots fixés au mur avec un tuyau fixé à un tuteur à son extrémité, qui forme ainsi une lance d'arrosage très pratique.*

Comment arroser les suspensions

Les paniers suspendus demandent beaucoup d'eau en été. Exposés au vent et au dessèchement de tous côtés, ils sèchent très vite malgré la couche de mousse humide ou le film plastique tapissant le panier.

L'arrosage sera facilité s'ils sont suspendus par un système à poulie. Sinon, fabriquez vous-même une lance d'arrosage (à droite). Pensez aussi à incorporer des granulés rétenteurs d'eau au terreau lors de la plantation, afin de réduire un peu la fréquence des arrosages.

À DROITE : *incorporez des granulés rétenteurs d'eau dans le terreau du panier suspendu, il séchera moins vite.*

Arrosage de vacances

Lorsque vous vous absentez, pensez à prévoir un système d'arrosage pour vos potées. Pour une absence de courte durée, un système de mèches ou un feutre horticole placé sous les pots, trempant dans un réservoir d'eau, fera l'affaire. Pour réduire l'évaporation en plein été, groupez les pots sur des plateaux creux garnis de gravillons humides. Les petites plantes en particulier apprécieront cette humidité. Par temps de canicule, mouillez aussi la terrasse ou le balcon, les dalles humides contribuant à rafraîchir l'atmosphère et à réduire l'évaporation.

CI-DESSUS : *si vous partez plusieurs jours, placez les pots sur une soucoupe remplie de gravillons trempant dans d'eau. Descendez les paniers suspendus (à droite), placez-les sur des seaux, en situation ombragée et arrosez-les copieusement.*

MULTIPLICATION

Les plantes peuvent être multipliées de différentes façons, les techniques les plus simples étant le semis de graines ou le bouturage, sous forme de portions de plante directement repiquées dans du terreau où elles forment des racines, et donc une nouvelle plante.

LE SEMIS

Cette méthode est idéale pour la culture des annuelles colorées, si vous voulez de nombreuses potées. Si quelques plants vous suffisent, le semis n'en vaut pas la peine, car la majorité des sachets contiennent des centaines, voire des milliers de graines ! La plupart demandent des conditions assez chaudes pour la germination. Placez les terrines ou godets en situation chaude et lumineuse, mais sans soleil direct. Il leur faut aussi pour germer une humidité constante, mais sans excès. Une couverture de plastique transparent sur la terrine arrosée maintient une bonne humidité et est généralement idéale pour la germination. Repiquez les plantules en godets quand elles sont assez grandes pour être manipulées. Elles seront à nouveau rempotées avant d'être installées dehors.

1 Remplissez une terrine de terreau pour semis ou bouturage. Tamisez finement le terreau pour qu'il n'y ait plus de petites mottes puis humidifiez-le bien.

2 Semez les graines à la profondeur voulue, d'autant moins profond qu'elles sont fines. Semez les graines fines en sillon, et les grosses individuellement.

3 Humidifiez avec un vaporisateur ou un arrosoir à pomme fine et couvrez de plastique transparent puis placez la terrine en situation lumineuse, chaude mais sans excès.

Le semis des grosses graines

Semez les graines en surface du terreau, sans approcher le rebord du pot. Si les graines germent à l'obscurité, couvrez-les d'une couche de terreau. Arrosez en versant l'eau dans la soucoupe, et couvrez de verre ou de plastique transparent.

La récolte des graines

Sélectionnez des plantes saines et vigoureuses pour le prélèvement des graines, afin d'avoir toutes les chances d'obtenir de belles potées. Les plantes malades ou peu vigoureuses ne donneront jamais de beaux sujets. Il est indispensable par ailleurs de récolter les graines au bon moment – trop tôt elles ne germent pas, trop tard elles auront déjà été disséminées.

Suspendez les tiges bien sèches tête en bas dans un sac plastique pour que les graines tombent au fond du sac.

Lorsqu'ils sont secs, secouez les fruits des pavots au-dessus de papier kraft pour récupérer facilement les graines.

Comment réussir vos semis

- Utilisez du terreau de qualité.
- Utilisez des pots propres.
- N'oubliez pas qu'au début, la plupart des graines germent dans l'obscurité (en les couvrant de terreau).
- Les jeunes plants ont ensuite besoin de lumière. Tournez périodiquement les pots pour un éclairement uniforme.
- Les terreaux de semis ne contiennent que pour 6 semaines d'éléments nutritifs environ. Rempotez ensuite les plants.
- Ne laissez jamais sécher les jeunes pousses ; arrosez en douceur.
- N'hésitez pas à éclaircir les plants trop serrés. Semez 25 % de graines en plus pour tenir compte des pertes.
- Endurcissez les plants semés au chaud pendant une dizaine de jours avant de les mettre en place dehors.

▲ *Une mini-serre chauffée accélère germination des graines et enracinement des boutures.*

Le châssis froid ▶ *permet d'acclimater progressivement les plants aux conditions extérieures avant de les repiquer dehors.*

LE BOUTURAGE

À la différence du semis, l'un des avantages du bouturage est de donner une jeune plante strictement identique à la plante-mère. Le plus souvent, les arbustes sont multipliés par bouturage, les annuelles et bisannuelles par semis.

Les boutures peuvent concerner tous les organes de la plante – tiges, jeunes pousses, bourgeons, feuilles et même racines. La technique diffère selon la partie utilisée. Les boutures herbacées (à droite) sont les plus couramment utilisées, prélevées sur de jeunes pousses en été. Il est assez facile de faire raciner ces boutures, mais certaines plantes s'y prêtent mieux que d'autres. Ainsi buis et géranium sont faciles à multiplier par boutures herbacées. Choisissez des pousses dépourvues de fleurs et coupez-les entre la fin du printemps et le milieu de l'été. Elles pourront être rempotées en godets à l'automne. Munissez-vous d'un couteau tranchant, préparez un pot de 15 cm de diamètre, rempli de terreau de bouturage. La base de la bouture peut être trempée dans une poudre d'hormones de bouturage, qui favorise l'enracinement. Le choix du terreau est important pour la reprise des boutures. Un mélange très drainant, composé de deux à trois volumes de sable grossier pour un à deux volumes de terreau, convient bien. Gardez les boutures à la lumière vive, mais hors de portée du plein soleil.

1 *Avec un couteau, séparez la pousse (ici de géranium) de la tige principale, en coupant juste sous le point d'attache d'une feuille.*

2 *Supprimez les feuilles inférieures, sur la moitié de la tige, pour pouvoir l'insérer dans le terreau.*

3 *Trempez la base de la bouture dans une poudre d'hormones de bouturage. Avec un bâtonnet ou crayon, préparez un petit trou dans le terreau. Glissez-y la bouture.*

4 *Tassez le terreau autour de la base de la bouture, arrosez, puis maintenez le terreau humide jusqu'à la reprise de la croissance. Encapuchonnez le pot de plastique transparent.*

L'ENTRETIEN DES PLANTES

Vos plantes demandent des soins réguliers pour donner le meilleur d'elles-mêmes pendant de longs mois. Outre les arrosages et apports d'engrais (voir pages 110-111), l'entretien concerne le tuteurage ou le palissage, l'élimination des fleurs fanées, la taille des pousses faibles, cassées ou abîmées. Surveillez aussi maladies et parasites car plus vous interviendrez tôt, plus leur éradication sera facile.

LE TUTEURAGE

De nombreuses plantes, notamment les vivaces herbacées à tiges souples, demandent à être soutenues pour ne pas s'étaler ou s'affaisser. Il existe de multiples façons de soutenir et tuteurer les tiges. Vous trouverez dans les jardineries tout une gamme de tuteurs (voir ci-dessous). Lorsque vous attachez une tige au tuteur, veillez à ne pas blesser ou écraser la tige. Plutôt que de la ficelle, utilisez des liens spéciaux en plastique ou en raphia, plus lâches.

Tuteurage et palissage

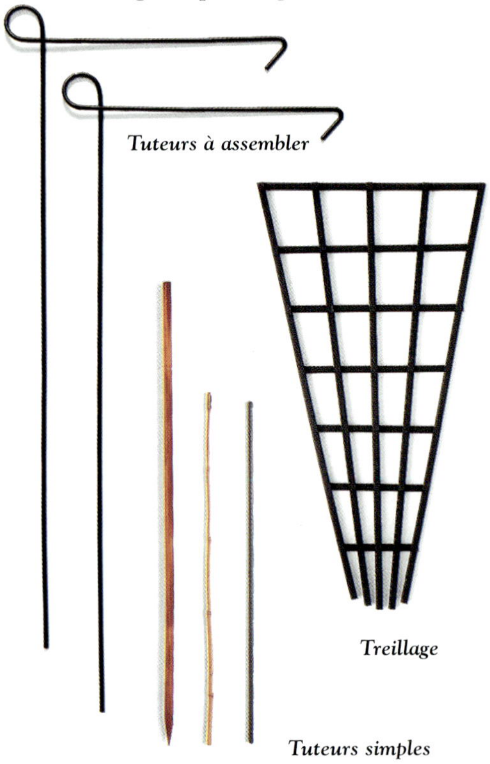

Comment soutenir les tiges

Qu'il s'agisse de plantes dans un petit jardin ou dans des pots ou bacs, il est bon que les tuteurs ou autres supports soient aussi discrets que possible. Dans le cas contraire, ils doivent jouer un rôle décoratif, charmant support de pousses de saules ou petite « clôture » de bambous autour d'une touffe par exemple. Il est indispensable de soutenir les tiges des grandes plantes aux fleurs lourdes, comme les lis, sans quoi elles risquent de casser. Les plantes à port buissonnant, étalé, aux tiges souples, comme certains bégonias et géraniums, gagnent également à être légèrement soutenues pour une meilleure mise en valeur. Enfin les arbustes palissés et plantes grimpantes, comme chèvrefeuilles ou rosiers grimpants, demandent bien sûr le support d'un treillage ou de fils métalliques tendus devant un mur ou une clôture.

Les jeunes sujets formés sur tige sont généralement fixés à un tuteur unique, robuste. Utilisez des liens en plastique, assez souples, pour ne pas blesser la tige en croissance.

Quelques fins tuteurs enfoncés sur le pourtour de la touffe, reliés par de la ficelle ou du fil de fer, suffisent à soutenir une plante indisciplinée.

Un anneau métallique porté par des tuteurs spéciaux permet de soutenir avec discrétion les tiges des grosses touffes de plantes vivaces.

La taille

Bien des jardiniers amateurs sont très inquiets à l'idée de devoir tailler leurs plantes, perdus dans la diversité des conseils et instructions qui peuvent parfois leur sembler contradictoires ou confus.
Ce faisant, on poursuit deux objectifs principaux : on taille les plantes ligneuses pour améliorer leur silhouette d'ensemble ; on taille pour obtenir une meilleure floraison. Sachez avant de vous affoler que la plupart des plantes survivent bien sans la moindre taille, mais que peu à peu les fleurs sont moins nombreuses et plus petites, les tiges de plus en plus enchevêtrées et donc l'arbuste moins beau.

On taille d'abord pour qu'une plante reste vigoureuse et saine, de forme agréable, et pour obtenir le plus possible de fleurs. Quelques arbustes, comme le buddléia, demandent une taille sévère, mais pour les autres, la majorité, il suffit de réduire tous les ans la végétation d'un tiers environ. Pour un rosier négligé depuis longtemps, supprimez un tiers des vieilles tiges en les coupant à la base.

Croissance déséquilibrée
Pour conserver une structure harmonieuse, rabattez légèrement les tiges trop longues. Ne les taillez pas trop court car cela stimulerait plus encore leur croissance.

Tiges enchevêtrées
Supprimez dans ce cas environ un tiers des tiges et ramifications pour une meilleure pénétration de l'air et de la lumière au cœur de l'arbuste.

Pousses faibles
Supprimez toutes tiges ou pousses faibles, plus exposées aux attaques de maladies ou parasites.

Tailler pour la silhouette

Il s'agit d'empêcher les tiges d'être trop enchevêtrées, perdant par là de leur vigueur, et de conserver une silhouette équilibrée. Vous pouvez inciter une tige à pousser dans une direction donnée en la taillant au-dessus d'un bourgeon orienté dans cette direction. Cherchez à éclaircir le cœur de la plante pour que l'air y circule mieux. Supprimez toujours toute pousse malade ou abîmée. En règle générale, pratiquez ce type de taille en automne.

Une taille légère suffit pour la plupart des arbustes à feuillage persistant, juste pour rectifier la silhouette.

Tailler pour stimuler la floraison

Arbustes et plantes grimpantes fleurissent à différentes périodes de l'année, certains sur le vieux bois (les pousses fleuries sont alors issues des tiges ligneuses), d'autres sur le jeune bois (ce sont les pousses formées dans la saison qui fleurissent). Il vous faut donc connaître le mode de floraison de la plante !

En règle générale, les grimpantes fleurissent sur le vieux bois. Taillez-les après la floraison en rabattant les tiges défleuries à deux ou trois yeux ou bourgeons de la tige principale. Si vous les taillez en début de printemps, vous supprimez les fleurs prêtes à s'épanouir !

Les arbustes qui fleurissent vers la fin de l'été peuvent être rabattus dès l'automne, mais il est préférable de les tailler au printemps. Les pousses qui se développeront fleuriront en fin de saison. Certaines plantes, comme les clématites, demandent des traitements différents selon les espèces et variétés. Pour les tailler correctement, voyez si elles fleurissent au printemps ou en été, puis taillez comme indiqué ci-dessus.

Le pincement

Vous pouvez inciter de jeunes plantes à prendre un port plus buissonnant en stoppant la croissance de la tige la première année en supprimant le bourgeon terminal (celui de chaque tige). Cette taille favorise l'entrée en croissance des bourgeons latéraux, donc la plante se ramifie plus. Pincez l'extrémité de la tige en la tenant entre pouce et index ou en la coupant avec un couteau.

Adoptez cette technique notamment pour les buis, géraniums, *Browallia*, certains pétunias et mufliers.

BRICOLAGE

Outre les plantations et soins aux plantes, la réalisation d'un jardin passe aussi par quelques travaux de bricolage, par exemple pour fixer au mur les supports de pots ou paniers suspendus, réparer pots cassés ou fendus, poser un treillage ou tout simplement déplacer un bac très lourd.

COMMENT RÉPARER LES POTS

Si un pot en terre cuite se brise, vous pouvez le réassembler avec du fil de fer, dans la mesure où la cassure est nette. Retournez le pot en accolant les surfaces cassées. Coupez une longueur de fil de fer galvanisé dépassant d'environ 25 cm la circonférence du pot. Demandez à quelqu'un de maintenir le collier métallique sous le rebord du pot pendant que vous tordez les extrémités pour bien serrer. Recoupez au besoin les extrémités du collier métallique.

Utilisez une colle époxy (le plus souvent à deux composants) si le pot est cassé en plusieurs morceaux. Mouillez la terre cuite avant d'appliquer la colle. Appliquez la colle (sous forme d'un boudin si la colle est à deux composants). Essuyez tout débordement avec un chiffon propre et laissez sécher pendant au moins une nuit. Procédez de la même façon pour les autres parties cassées, en laissant bien sécher entre deux applications de colle.

Prenez une petite spatule pour appliquer l'adhésif sur toutes les surfaces à recoller. Plaquez les surfaces à assembler. Maintenez au besoin le pot par un ruban adhésif large pendant le séchage.

PEINDRE DES POTS

Les peintures acryliques sont très simples d'emploi pour peindre des pots et ne demandent guère de préparation. Les peintures à l'eau sont faciles à appliquer ; il suffit de les renouveler au bout de quelques années. Un aspect patiné est cependant plus décoratif. Pour appliquer une émulsion sur un pot, il vous faut d'abord passer une couche d'apprêt, puis un vernis acrylique.

1 *Appliquez d'abord la couche d'apprêt, qui forme comme un enduit et permet à l'émulsion d'accrocher sur le support.*

2 *Appliquez ensuite l'émulsion sur le pot, une première couche, puis une seconde si nécessaire.*

3 *Enfin, passez une couche de vernis acrylique et laissez bien sécher.*

MOTIFS DÉCORATIFS

Quel que soit le pot, un décor complémentaire peut être le bienvenu, qu'il soit simple ou plus élaboré, selon vos goûts et vos compétences ! Une bordure peinte transforme un pot de terre cuite et cette réalisation est à la portée de tout le monde.

Vous pouvez aussi essayer des effets de texture en surface des pots, avec un vernis craquelé, pour une patine à l'ancienne, ou une peinture à l'éponge, en passant une éponge naturelle sur le support peint encore humide, ou encore un badigeon : la couleur très diluée laissant apercevoir la surface d'origine du pot.

Comment orner un rebord de pot

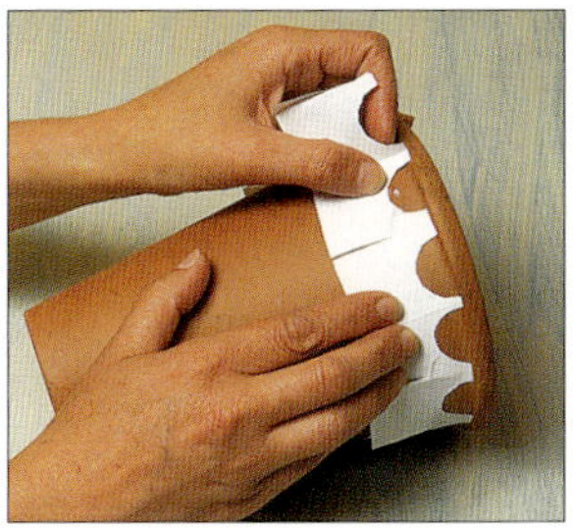

1 *Préparez un pochoir en carton à échancrures en demi-cercle. Fixez le pochoir sous le rebord du pot.*

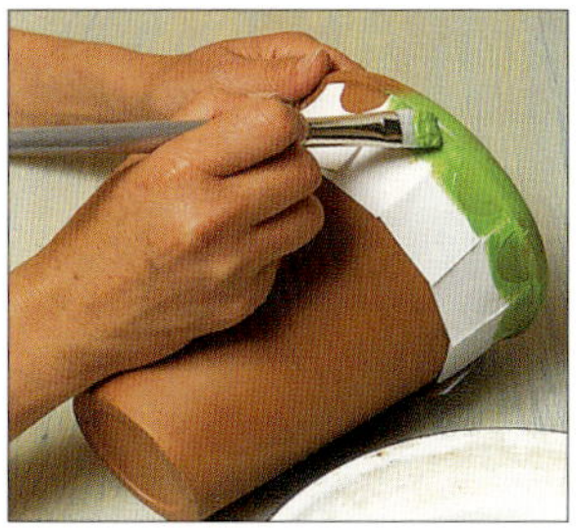

2 *Avec un pinceau brosse doux, peignez le motif à la peinture acrylique à séchage rapide.*

3 *Une fois la peinture sèche, enlevez délicatement le pochoir. Le tour est joué !*

Le pot décoré, planté, joliment patiné.

Patiner une poterie

Les pots ordinaires en terre cuite auront plus belle allure quand ils auront passé quelques étés dehors. Ce processus naturel peut être accéléré par une application de yaourt.

1 *Etalez un peu de yaourt en surface du pot. Laissez sécher le pot dehors.*

2 *Au bout de quelques jours, le yaourt sèche, des mousses se développent en surface du pot. Procédez aux plantations comme d'habitude.*

Comment fixer les paniers suspendus

Les paniers peuvent être suspendus à des crochets ou à une équerre métallique plantée dans le mur. Le crochet est généralement fixé à un piton solidement ancré au support, une poutre, par exemple. Si vous voulez pouvoir descendre le panier suspendu pour faciliter l'arrosage, installez une poulie avec une chaîne à laquelle sera attaché le panier.

Pose d'une équerre métallique

Équerres ou potences sont généralement en ferronnerie. Prévoyez un écartement du mur au moins égal au demi-diamètre de la suspension. Fixez la potence sur un support solide, mur ou poutre, sans perdre de vue qu'une fois planté et arrosé, le panier suspendu deviendra très lourd. Assurez-vous bien de la solidité de l'ensemble.

Pose de jardinières aux fenêtres

Pour éviter tout risque d'accident, les jardinières des appuis de fenêtre en hauteur ou des balcons demandent une rambarde métallique ou des chaînes. Si la fenêtre ou les volets ouvrent vers l'extérieur, vous devrez fixer la jardinière sous la fenêtre, par des équerres métalliques, toujours avec un dispositif anti-chute.

Ce panier métallique garni de pensées est suspendu à une robuste potence métallique.

Chaînes ou rambardes de sécurité

Préparez des trous dans la maçonnerie extérieure, à environ 30 cm au-dessus de la base de la fenêtre et environ 8 cm à l'extérieur du cadre de celle-ci. Scellez une rambarde spéciale ou bien des pitons solides entre lesquels vous passerez une chaîne métallique qui maintiendra la jardinière en place.

LE CHOIX DES PLANTES

En pot ou en pleine terre, il faut placer la bonne plante au bon endroit. Ce chapitre vous présente les meilleures plantes pour un petit espace, regroupées par grandes catégories. À petite échelle, il vous faut de la diversité dans les formes des plantes, des petits arbres, arbustes ou plantes grimpantes aux minuscules plantes alpines.

Assurez-vous toujours de la compatibilité entre les plantes et l'emplacement choisi, car leurs exigences en matière de soleil, d'humidité ou de volume de terre sont variées.

CI-DESSUS : *placez les floraisons délicates comme celle de* Primula sieboldii, *là où leur beauté fragile pourra être admirée de près.*

À DROITE : *les feuilles au feutrage argenté de* Helichrysum petiolare *'Silverlight', à tiges retombantes, font merveille dans une suspension.*

PLANTES GRIMPANTES ET ARBUSTES PALISSÉS

Rosa 'Variegata di Bologna'

La plupart des petits jardins disposent d'un mur ou d'une clôture, les balcons d'une rambarde ou d'une séparation qui offrent le support nécessaire à tout une gamme de plantes grimpantes. Ces plantes couvriront joliment le support de leurs tiges volubiles, de leurs crampons ou de leurs vrilles, vous pourrez aussi fixer leurs tiges au support. Le choix de plantes est vaste, avec des floraisons au printemps, en été ou automne. Tenez compte de l'exposition dans votre choix, certaines préférant l'ombre ou le soleil, la chaleur ou la fraîcheur.

Pour les murs ombragés, l'hortensia grimpant (*Hydrangea petiolaris*) comme le lierre (*Hedera helix*) sont précieux. Au pied d'un mur abrité, plantez des camélias au feuillage lustré, à la floraison remarquable au début du printemps. Les pois de senteur quant à eux offrent un spectable plus éphémère mais si parfumé, plantés en situation ensoleillée. Faites votre choix de floraisons, mais aussi de parfums, avec les rosiers grimpants, les jasmins, les chèvrefeuilles bien sûr qui offrent aussi une grande diversité. Quelques-uns de ces chèvrefeuilles s'accommodent de la mi-ombre, comme *Lonicera periclymenum* et *L.* × *americana*.

Les clématites sont populaires à juste titre, avec leurs fleurs de formes variées, de la petite clématite *macropetala* aux fleurs immenses des hybrides. Elles s'épanouiront en sol bien drainé si leurs racines sont à l'ombre. Les espèces les plus vigoureuses, comme C. *montana*, demandent à être taillées de temps à autre pour maîtriser leur ampleur.

À la différence des vraies grimpantes, les arbustes palissés – dont les rosiers – ne disposent pas des moyens de s'accrocher eux-mêmes au support. Il faut donc fixer leurs tiges souples par des liens sur un treillage ou sur des fils métalliques tendus sur le support.

Camellia

Camélia
Théacées
H 1-4 m ; **E** 0,60-1,80 m

Parfaits pour la culture en bac, ces beaux arbustes à feuillage persistant, vernissé, demandent une terre non calcaire. Ils apprécient d'être plantés à l'abri d'un mur chaud (non orienté à l'est, car le soleil matinal abîme les boutons floraux encore gelés). Il existe de nombreux hybrides de C. *japonica*, à fleurs simples, semi-doubles ou doubles, blanches, roses à rouges.

Clematis

Clématite
Renonculacées
H 1,80-14 m ; **E** 0,60-1,80 m

La vaste palette des clématites permet des floraisons presque chaque mois de l'année. Elles peuvent se glisser parmi d'autres plantes, leur donnant une nouvelle dimension sans leur nuire. C. *cirrhosa* subsp. *balearica* offre ses fleurs crème en hiver, l'exubérante C. *montana* ses fleurs roses ou blanches au printemps, ainsi que C. *macropetala* à fleurs bleu-violet, tandis que C. *tangutica* fleurit en automne. La plupart des hybrides à grandes fleurs fleurissent en été. Parmi les plus spectaculaires figurent 'Nelly Moser', à fleurs rayées de rose ; 'Ville de Lyon', à fleurs magenta, et 'The President', à fleurs pourpres.

Convolvulus

LISERON
Convolvulacées
H 30-60 cm et plus ;
E 40 cm et plus

C. *althaeoides* est une vigoureuse grimpante rustique, à fleurs roses en entonnoir. Elle sera moins envahissante si vous la cultivez en pot. C. *tricolor*, la belle-de-jour, offre de grandes fleurs bleues marquées de jaune et blanc au centre. Celles-ci ne durent qu'une journée mais se succèdent tout l'été. Plantez cette annuelle en situation ensoleillée, bien drainée.

Garrya elliptica

Garryacées
H et **E** 4 m.

Arbuste dressé à feuilles persistantes lustrées, à bord ondulé, apprécié pour sa floraison hivernale en longs chatons pendants, gris-vert. 'James Roof' offre des bouquets de chatons argentés jusqu'à 20 cm de long. Palissez-le contre un mur et égayez-le en l'associant à une clématite à floraison estivale.

Hedera helix 'Glacier'

LIERRE
Araliacées
H 2 m et plus

Bien des lierres se prêtent à la culture contre un mur, s'adaptant à toutes les situations ou presque, s'accrochant seuls au support sauf les jeunes sujets. 'Glacier' a de petites feuilles presque triangulaires, panachées de gris-vert et crème. Précieux pour couvrir un mur terne, une clôture en bois, il peut aussi être cultivé comme couvre-sol, voire comme plante d'intérieur.

Hydrangea petiolaris

HORTENSIA GRIMPANT
Hydrangéacées
H jusqu'à 10 m

Plante grimpante ligneuse, à feuilles caduques, qui s'accroche au support par ses racines aériennes. En été, ses inflorescences blanches, plates sont composées de fleurs stériles et fertiles. Les longues feuilles en cœur, vert foncé, virent au jaune d'or en automne. Il se plaît en sol frais, à l'abri des vents froids, mais est très rustique et supporte l'ombre.

Jasminum
Jasmin
Oléacées
H et **E** 3 m

Le jasmin d'hiver, *J. nudiflorum*, est un arbuste à tiges souples, à feuilles caduques, qui porte en hiver quantité de petites fleurs étoilées jaunes. Il faut le palisser mais il garnit rapidement la base d'un mur. *J. humile* offre de la fin du printemps au début de l'automne des fleurs jaune vif à peine parfumées. *J. officinale*, à feuilles caduques, déploie en été ses bouquets de fleurs blanches très odorantes. Tous préfèrent le soleil ou une ombre légère, un sol frais.

Lathyrus odoratus
Pois de senteur
Fabacées
H 0,60-2,50 m ; **E** 50 cm

Ces annuelles grimpantes au parfum caractéristique existent sous forme de nombreux cultivars et hybrides. Ils grimpent à l'aide de vrilles, sur un support ou parmi d'autres plantes, apprécient le soleil et une terre riche. La palette des teintes est étendue : rouge, saumon, rose, pourpre, violet et blanc, en fleurs unies, bicolores ou avec un liseré foncé. Excellente fleur à couper.

Lonicera periclymenum
Chèvrefeuille des bois
Caprifoliacées
H jusqu'à 7 m

Vigoureuse plante grimpante à tiges ligneuses volubiles, qui demande un support contre un mur mais s'enroule autour des montants des clôtures ou des tiges d'autres plantes. L'un des premiers chèvrefeuilles à fleurir (mi-printemps à mi-été), en fleurs tubulées blanches puis jaunes, à revers rouge. Se plaît au soleil ou à mi-ombre, sur sol bien drainé. 'Serotina' a des fleurs blanc crème striées de rouge pourpré.

Parthenocissus tricuspidata
Lierre japonais
Vitacées
H 10 m

Vigoureuse plante grimpante ligneuse qui s'accroche au support par de petites ventouses à l'extrémité des vrilles. Feuilles trilobées vert vif, se teintant de rouge vif à pourpre en automne. 'Beverley Brook' a un feuillage vert pourpré, qui vire au rouge vif en automne. 'Veitchii' prend des teintes d'automne rouge pourpré. Supporte le soleil comme l'ombre et un sol bien drainé.

Pyracantha
Buisson ardent
Rosacées
H et **E** 3 m

Un arbuste épineux, robuste, à feuillage persistant vert moyen à foncé, à floraison blanche au printemps, suivie de baies en automne. La teinte des baies varie : rouge orangé pour 'Mohave', jaune orangé pour 'Shawnee', jaune d'or pour 'Soleil d'Or', ou rouge pour *P.* × *watereri*. Il se prête bien au palissage contre un mur et peut servir de support à des plantes grimpantes.

Rosa
Rosier
Rosacées
H 3 m ; **E** 2,50 m

Les rosiers grimpants ont des tiges raides, vigoureuses. Certains ont une floraison unique, d'autres sont remontants, comme 'New Dawn', à fleurs doubles rose pâle. 'Maigold' offre des fleurs jaunes semi-doubles, en début d'été, avec à nouveau quelques fleurs en fin de saison. 'Mme Alfred Carrière' porte de l'été à l'automne des fleurs blanc rosé, doubles (voir aussi p. 133, couleurs saisonnières : été).

Solanum crispum
Solanacées
H 3 m ; **E** 1,80 m

Arbuste à tiges grimpantes, à feuilles persistantes ou semi-persistantes vert foncé, à palisser sur un support. Les bouquets de fleurs parfumées violettes à l'extrémité des tiges sont suivies de fruits jaune pâle. 'Glasnevin' a des fleurs bleu-violet foncé jusqu'en automne. À planter au soleil et à protéger des gelées sévères en hiver.

Thunbergia alata
Suzanne-aux-yeux-noirs
Acanthacées
H 1,50-3 m

Cette plante grimpante est cultivée chez nous comme une annuelle. Elle offre en été et en automne une profusion de fleurs orange, jaunes ou crème à œil central brun foncé. Non rustique, vous pouvez la cultiver en pot et la rentrer sous serre pour l'hiver.

Lathyrus odoratus 'Spencer Hybrids mixed'

Clematis macropetala 'Maidwell Hall'

Jasminum humile 'Revolution'

Lonicera periclymenum 'Serotina'

Solanum crispum 'Glasnevin'

PLANTES ARCHITECTURALES

Hydrangea macrophylla

On parle de plantes architecturales pour les végétaux qui ont une forme remarquable et très décorative. Ce type de plante trouve place même dans un petit jardin. Ce n'est pas en effet parce que la surface est limitée que les plantes doivent y demeurer petites et insignifiantes ! Une belle silhouette au contraire, placée dans un angle, une niche ou autre, transforme les impressions d'échelle et d'espace.

Du fait de leur taille et de leur forme, ces plantes se prêtent bien à une utilisation en sujet isolé, de préférence légèrement surélevé par rapport aux autres plantations, pour mieux se distinguer.

Les plus belles parmi ces plantes architecturales sont souvent celles à grandes feuilles ou à feuilles remarquables. Ainsi les feuilles en forme de glaive des yuccas, cordylines et *Phormium* ne manquent pas d'apporter une touche d'exotisme. Les feuillages des artichauts et chardons géants, bleu argenté, certains dépassant 2 m de hauteur, font également beaucoup d'effet. La silhouette élancée de *Macleya cordata* offre des teintes et formes plus douces.

Parmi les floraisons remarquables, citons bien sûr les grandes trompettes odorantes des daturas (*Brugmansia*) et les fleurs, parfumées et en trompette aussi, des grands lis comme *Lilium regale*. Utilisez-les par exemple pour encadrer de deux potées identiques une porte ou une terrasse.

À plus petite échelle, la floraison étoilée et lumineuse des agapanthes est merveilleuse en bac, de même que les énormes sphères pourpres et les feuilles rubanées de l'ail d'ornement *Allium christophii*.

Agapanthus

AGAPANTHE

Liliacées

H 0,50-1,20 m ; **E** 30-60 cm

Ces superbes plantes vivaces forment des touffes de feuilles arquées, rubanées, vert soutenu. Les inflorescences globuleuses, portées par de longues tiges, sont composées de fleurs en trompette ou en clochette. 'Lilliput' et 'Midnight Blue' à floraison bleu foncé, sont des variétés d'assez petite taille qui conviennent bien à la culture en bac. 'Headbourne Hybrids' a des fleurs en entonnoir dans les tons de pourpre, bleu et blanc.

Allium christophii

AIL D'ORNEMENT

Liliacées

H 30-60 cm ; **E** 15-20 cm

Les feuilles rubanées gris-vert, issues du bulbe, sont bordées de courts poils raides. Elles commencent à sécher presque avant même que se développent les hampes florales en début d'été. Chaque inflorescence porte jusqu'à 50 fleurs étoilées rose pourpré, à reflets métalliques. C'est une fleur intéressante pour les bouquets frais ou secs. A. *karataviense* plus petit (0,10-0,15 m), est précieux car son feuillage est aussi décoratif que ses fleurs ; sa petite taille en fait un sujet tout indiqué pour la culture en pot. Les paires de larges feuilles émergent du bulbe en arc large. Elles sont vert pourpré, bordées de rouge. Les tiges rougeâtres portent en été des ombelles de fleurs étoilées rose pâle.

Agapanthus hybride

Brugmansia × *candida*

DATURA

Solanacées

H 1,20-1,80 m ; **E** 1,80-2,40 m

Ces arbustes qui craignent le gel se plaisent en été en situation chaude et abritée au jardin, puis sous véranda en hiver, où l'on pourra continuer à apprécier leurs grandes fleurs en trompette spectaculaires et parfumées. Ces fleurs se renouvellent jusqu'en automne, dans des tons d'abricot ('Grand Marnier') et blanc ('Double White').

Canna × *generalis*

CANNA, BALISIER

Cannacées

H 1,50-2,20 m ; **E** 50 cm

Ces grandes plantes vivaces d'allure très exotique se développent à partir de rhizomes qui s'étalent peu à peu. Elles apprécient un sol frais, au soleil et assurent couleur et hauteur là où l'espace est limité. De nombreux hybrides ont un feuillage vert à bronze, des

Canna 'General Eisenhower'

teintes de fleurs allant du jaune à l'orangé, rouge, corail et saumon. Il est nécessaire d'arracher les rhizomes, sensibles au gel, à l'automne.

Cordyline australis
CORDYLINE
Agavacées
H 1 m en pot ; **E** 1 m
Ce petit arbre ou arbrisseau, semi-rustique, peut atteindre 7 m de hauteur en pleine terre. Les feuilles arquées, rubanées, sont groupées en touffe à l'extrémité d'une tige assez fine. Les sujets âgés portent en été de longues panicules de fleurs crème.

Fritillaria imperialis
FRITILLAIRE IMPÉRIALE
Liliacées
H 60-90 cm ; **E** 50 cm
Cette belle plante bulbeuse à floraison printanière porte à l'extrémité d'une tige robuste une collerette de bractées dominées par des fleurs retombantes, en forme de tulipe, jaunes à rouge orangé. Elle se plaît au soleil ou à mi-ombre.

Helianthus annuus
TOURNESOL, SOLEIL
Composées
H 0,60-5 m ; **E** jusqu'à 1,20 m
Les fleurs de tournesol prennent des tons de jaune à orangé, avec des hauteurs de tige très variables selon les variétés. Ainsi 'Sunspot' a des fleurs jaunes de 0,25 m de large sur des tiges de 0,60 m, 'Teddy Bear' ou 'Ours en peluche' des fleurs doubles jaune d'or de 0,15 m de large sur des tiges de 0,90 m, 'Music Box' des tiges ramifiées aux nombreuses fleurs.

Hydrangea macrophylla
HORTENSIA
Hydrangéacées
H 1-2 m ; **E** 1,50 m
Arbustes à feuilles caduques, à port en dôme, qui se plaisent en sol frais. On en distingue deux groupes selon les fleurs : à inflorescences plates (bouquet aplati de minuscules fleurs fertiles entourées d'un anneau de fleurs stériles plus grandes), comme 'Blue Wave'; à inflorescences globuleuses, ou hortensias, composées de grandes fleurs stériles, comme 'Europe', bleu. La teinte des fleurs, rose, blanc ou bleu, varie selon l'acidité du sol, le bleu apparaissant en sol acide.

Lilium regale
LIS ROYAL
Liliacées
H 0,60-1,50 m ; **E** 15-20 cm
À partir d'un bulbe banal, les lis développent en été des fleurs spectaculaires. Celles du lis royal, en larges trompettes parfumées, sont groupées jusqu'à 25 à l'extrémité de la tige. Rosées en bouton, elles sont blanches à l'épanouissement, avec un revers pourpre rosé, un centre jaune à anthères dorées. Les lis se plaisent au soleil, sur sol bien drainé.

Macleaya microcarpa
Papaveracées
H 2-2,50 m ; **E** 1 m
Cette vivace rhizomateuse porte de belles feuilles en cœur, gris-vert et des fleurs tubulées, groupées en légers plumets à l'extrémité des tiges. 'Kelway's Coral Plume' a des fleurs rose corail en été. C'est une plante assez envahissante, qu'il est préférable de cultiver en bac, avec des rempotages réguliers.

Melianthus major
Mélianthacées
H 1,80-3 m ; **E** 1-3 m
Un vigoureux sous-arbrisseau aux tiges creuses, aux grandes feuilles très étalées, pennées, gris-vert à vert bleuté, profondément dentées. En début d'été, longs épis de petites fleurs tubulées rouge-brun foncé. Non rustique, à traiter comme une plante d'orangerie.

Phormium tenax
LIN DE NOUVELLE-ZÉLANDE
Agavacées
H jusqu'à 3 m ; **E** 1,20 m
Vivace rustique sous climat doux uniquement, cultivée pour ses grandes feuilles persistantes en forme de glaive. 'Purpureum' se distingue par un feuillage bronze pourpré, 'Variegatum' par des feuilles rayées de jaune et vert. Les fleurs rougeâtres sont portées en longues panicules entre été et automne.

Yucca filamentosa
YUCCA
Agavacées
H 1,80 m ; **E** 1,50 m
Arbuste remarquable, acaule, à rosette de grandes feuilles persistantes, lancéolées, raides, vert foncé, bordées de filaments blancs.
Les sujets bien développés portent en été un long épi de fleurs blanches en clochettes. À cultiver en plein soleil. 'Bright Edge' a des feuilles bordées de jaune, 'Variegata' des feuilles vert bleuté bordées de blanc. *Yucca gloriosa*, plus grand, a des feuilles plus sombres et fleurit plus tard en saison.

Lilium regale

Melianthus major

Helianthus annuus

Macleaya microcarpa

Yucca gloriosa

Feuillages décoratifs

Souvent oubliés dans le souci empressé des jardiniers d'obtenir des floraisons éclatantes, les feuillages jouent pourtant un rôle essentiel pour dessiner le fond du décor, quelle que soit la taille du jardin. Ce fond mettra les floraisons en valeur, tandis que les feuillages plus remarquables (voir pages 122-123) deviendront des éléments décoratifs à part entière.

Les feuillages offrent une incroyable palette de formes, teintes et textures. La sélection proposée ici ne donne que quelques exemples de ce choix, des minuscules feuilles du buis ou des belles feuilles ovales du laurier, qui tous deux se prêtent bien à une formation en topiaires, aux silhouettes coniques de certains conifères, aux délicates ondulations et dentelures des feuilles des fougères.

Qui plus est, nombre de plantes à feuillage décoratif se plaisent en situation ombragée, là où le jardinier peine à trouver des floraisons durables. Parmi ces amateurs d'ombre, les lierres offrent à eux seuls tout une gamme de formes de feuilles, des longues feuilles sagittées de *Hedera helix* 'Sagittifolia' aux grandes feuilles éclaboussées de crème de *Hedera helix* 'Glacier', plus sensible au froid.

Les feuillages feutrés d'argent font merveille dans un jardin sec, résistant sans problème à la sécheresse. Outre les nombreuses plantes aromatiques, comme la sauge ou l'armoise, il existe d'autres arbustes méditerranéens à feuillage argenté qui se prêtent bien aussi à la culture en bac, comme *Brachyglottis greyi* ou *Ballota pseudodictamnus*.

Hedera helix 'Pedata'

Alchemilla mollis
Alchemille
Rosacées
H 60 cm ; **E** 75 cm

Cette vivace forme des touffes de feuilles arrondies, finement dentées, d'un vert doux, couvertes de poils soyeux. Elle fait un excellent couvre-sol en terrain frais, agrémenté tout l'été de bouquets lâches de minuscules fleurs vert tilleul. Plantez-la au soleil ou à mi-ombre, supprimez les fleurs fanées si vous ne voulez pas la laisser se ressemer.

Asplenium scolopendrium
Scolopendre
Aspleniacées
H 45-70 cm ; **E** 60 cm

Une fougère au feuillage persistant caractéristique, à longues frondes vert vif, rubanées, à bord ondulé, à extrémité pointue et base cordiforme. Rustique, elle se plaît beaucoup sur sol frais à humide, à mi-ombre. En pot, veillez à un bon drainage. 'Crispum' a des feuilles à bord très ondulé, tuyauté.

Buxus sempervirens
Buis
Buxacées
H jusqu'à 3 m ; **E** 1,20-1,80 m

Un arbuste très rustique, à croissance lente, à petites feuilles persistantes ovales, vert foncé lustré. Très utilisé en bordure ou haie, comme en topiaire, il met bien les floraisons en valeur. Ses formes panachées, comme 'Elegantissima' (feuilles bordées de crème), 'Marginata' (feuilles bordées de jaune) sont très décoratives. Les formes taillées sont bien sûr tout indiquées pour la culture en pot.

Chamæcyparis
Faux cyprès
Cupressacées
H 1-1,50 m pour les formes naines ; **E** jusqu'à 1 m

Les conifères sont précieux au jardin où leur feuillage persistant assure une structure permanente. Ils existent dans une infinie variété de formes, tailles et teintes de feuillage, mais là où la place manque, ne choisissez que des formes naines, comme *Chamæcyparis lawsoniana* 'Minima' à port globuleux, feuillage vert bleuté, *C. obtusa* 'Nana Aurea' à port dressé, aplati au sommet, feuillage doré, ou *C. obtusa* 'Pygmæa' à feuillage vert en rameaux étalés.

Euphorbia characias subsp. *wulfenii*
Euphorbe
Euphorbiacées
H et **E** 1-1,20 m

Arbuste dressé, à feuilles persistantes gris-vert portées par des tiges teintées de pourpre, qui se plaît sur sol bien drainé, au soleil de préférence. Chaque tige se développe la première année puis fleurit la seconde. Coupez les tiges défleuries pour éviter qu'elles ne se ressèment. Les curieuses petites fleurs jaune-vert sont groupées en bouquets arrondis à l'extrémité des tiges.

Hedera helix
Lierre commun
Araliacées
H 10 cm ; **E** 1 m et plus

Les lierres à petites feuilles font beaucoup d'effet dans des pots surélevés ou en paniers suspendus, retombant joliment en guirlandes. Cette plante très adaptable existe en nombreuses variétés différentes, comme 'Goldchild', à feuilles gris-vert largement marginées de jaune, 'Eva' à petites feuilles gris-vert bordées d'un liseré blanc crème, ou 'Ivalace' à feuilles vert foncé lustré, à bord ondulé

Asplenium scolopendrium

Buxus sempervirens

Euphorbia characias subsp. *wulfenii*

(voir aussi p. 120, PLANTES GRIMPANTES ET ARBUSTES PALISSÉS).

Heuchera micrantha 'Palace Purple'

HEUCHÈRE POURPRE

Saxifragacées

H 30-45 cm ; **E** 30 cm

Une plante vivace herbacée précieuse pour ses belles feuilles pourpre foncé évoquant des feuilles d'érable et ses petites fleurs brun pourpré. Elle se plaît au soleil comme à mi-ombre, en sol frais, léger, bien drainé. Utilisez-la en bordure ou bien en potée.

Hosta sieboldiana 'Elegans'

FUNKIA

Liliacées

H 1 m ; **E** 1,20 m

Une vivace robuste et durable, qui forme une touffe de feuilles épaisses, ridées, bleu-vert, en forme de cœur. Plantez-la en sol frais, à mi-ombre, protégée surtout du soleil de la mi-journée. De hautes tiges portent en été des fleurs en clochettes mauves. La variété 'Frances Williams', un peu plus petite, a des fleurs blanches et des feuilles gaufrées, épaisses, creusées presque en coupe, bleu-vert au centre, avec un fin liseré jaune-vert. Les funkias se prêtent bien à la culture en pot également, du moment qu'ils reçoivent des arrosages réguliers et des apports d'engrais occasionnels.

Laurus nobilis

LAURIER SAUCE

Lauracées

H jusqu'à 5 m ; **E** 3 m

Outre ses qualités aromatiques précieuses pour la cuisine, cet arbuste fait un très beau sujet isolé, à tailler par exemple en boule, pyramide ou à former sur tige. Il demande une situation ensoleillée à l'abri des vents froids. Protégez les jeunes sujets l'hiver en région froide. Les feuilles aromatiques ovales sont vert foncé lustré, les fleurs insignifiantes, jaune verdâtre.

Polypodium vulgare

POLYPODE

Polypodiacées

H 30 cm ; **E** illimité

Une fougère typique, à feuillage persistant en frondes arquées vert foncé, jusqu'à 0,40 m de long, découpées en segments oblongs. Robuste, elle se plaît au soleil ou à mi-ombre. À la différence d'autres fougères, celle-ci est parfaitement rustique, mais les sujets cultivés en pot demandent une légère protection des racines par grand froid. La variété 'Cornubiense', très vigoureuse, fait un bon couvre-sol.

Senecio cineraria 'Silver Dust'

CINÉRAIRE MARITIME

Composées

H et **E** 30 cm

Sous-arbrisseau à feuillage persistant, souvent cultivé comme une annuelle et éliminé en fin d'été. Le feuillage finement découpé, couvert d'un feutrage gris-vert, donne à la touffe entière un bel aspect argenté. De petites fleurs jaunes se développent le deuxième été suivant la plantation. La variété 'White Diamond' a des feuilles gris blanchâtre dont la forme évoque les feuilles de chêne. Les cinéraires se plaisent en situation ensoleillée, sur sol bien drainé, même sec et sont donc intéressantes pour les paniers suspendus.

Vinca minor

PETITE PERVENCHE

Apocynacées

H 10-20 cm ; **E** illimité

Plante vivace rustique, à port rampant, dont les longues tiges s'enracinent au contact du sol. Elles portent de petites feuilles ovales, vert foncé, et des fleurs en trompette dans des tons de bleu, pourpre ou blanc. 'Azurea Flore Plena' a des fleurs doubles, bleu clair, 'Gertrude Jekyll', à port compact, porte des fleurs blanches, 'La Grave' de grandes fleurs bleu lavande.

Heuchera micrantha 'Palace Purple'

Hosta fortunei 'Francee'

Plantes rampantes à retombantes

Dans un petit jardin, les plantes à port rampant ou retombant, qu'il s'agisse des fleurs ou du feuillage, sont des plus précieuses. Ce sont bien sûr d'excellentes candidates pour tous les types de potées, particulièrement les suspensions où elles autorisent toutes les fantaisies d'associations colorées et gaies.

Parmi les floraisons en guirlandes retombantes, bégonias, géraniums, pétunias, liserons, lobélias et diascias sont très populaires du fait de leur floraison généreuse et durable. Ces plantes offrent une vaste palette de teintes et formes, des petites fleurs étoilées des lobélias aux larges entonnoirs du liseron de Mauritanie, des fleurs presque cireuses des bégonias aux grosses fleurs ondulées des pétunias.

Parmi les feuillages rampants ou retombants, faites appel aux lierres, *Helichrysum* et pervenches, ainsi qu'aux feuilles rondes des capucines, pour adoucir les contours des pots et bacs ou cascader du haut d'un muret. Les plantations mixtes seront toujours une réussite si vous assurez un certain équilibre entre feuillages et floraisons.

Pétunias cascades

Begonia

Bégonia

Begoniacées

H 15-60 cm ; **E** 15-45 cm

Les bégonias à port retombant, à fleurs simples à doubles, sont parfaits pour les paniers suspendus. Parmi les plus courants, à floraison estivale, figurent les bégonias tubéreux, comprenant les bégonias pendulas à grandes fleurs généralement doubles, et les multifloras à fleurs plus petites. Les *Begonia semperflorens*, plus compacts et plus petits se couvrent d'une profusion de fleurs. Le feuillage des bégonias est vert à bronze, les fleurs offrent des tons de rouge, orangé, rose, jaune et blanc selon les variétés.

Brachycome

Asteracées

H 30-45 cm ; **E** 35-45 cm

Ces plantes au feuillage finement divisé se couvrent tout l'été de minuscules fleurs de marguerite. Elles sont précieuses pour les paniers suspendus car elles supportent assez bien la sécheresse. *B. iberidifolia* à port buissonnant ou étalé, a un feuillage gris, des fleurs parfumées blanches, roses ou bleues, à cœur jaune. *B. multifida*, moins florifère, a des fleurs dans les tons de bleu, rose, mauve, pourpre ou blanc.

Convolvulus sabatius

Liseron de Mauritanie

Convolvulacées

H 15-20 cm ; **E** 50-60 cm

Une robuste plante vivace aux fines tiges retombantes, à feuillage gris-vert, souvent cultivée comme une annuelle car non rustique. Les fleurs en entonnoir, dans les tons de bleu-violet, très clair à soutenu, se succèdent tout l'été et jusqu'en début d'automne. Rentrez le pot en serre froide pour l'hiver. *Convolvulus cneorum* est une autre espèce

Begonia semperflorens

à feuilles argentées, soyeuses, à fleurs roses en bouton, blanches épanouies. Rustique sous climat doux, elle demande une situation ensoleillée et abritée. En région froide, rentrez-la pour l'hiver (voir aussi p. 120, PLANTES GRIMPANTES ET ARBUSTES PALISSÉS).

Diascia

Scrophulariacées

H jusqu'à 30 cm ; **E** 20-30 cm

Vivaces tapissantes, buissonnantes ou retombantes, à feuillage persistant ou semi-persistant, qui se plaisent en situation ensoleillée. La floraison est très durable et prolifique, en fleurs tubulées munies d'un éperon. *Diascia barberæ* est une espèce aux tiges souples, retombantes, à floraison rose. *D. rigescens* a un port plus dressé, avec des épis denses de fleurs rose soutenu. 'Ruby Field' est plus compact, à fleurs rose saumoné.

Felicia amelloides

Aster ou marguerite du Cap, pâquerette bleue

Asteracées

H et **E** 30-60 cm

Appréciée pour sa très longue floraison en petites marguerites bleu-violet à cœur jaune, longuement pédonculées, c'est une excellente plante pour les suspensions, supportant une certaine sécheresse et

Brachycome multifida

Convolvulus sabatius

Felicia amelloides

se plaisant au soleil. C'est un petit sous-arbrisseau buissonnant à feuillage fin, vert soutenu, rustique sous climat doux uniquement. 'Read's White' est une variété à fleurs blanches, tandis que 'Variegata' offre des feuilles panachées de crème et des fleurs bleues.

Fuchsia

FUCHSIA

Onagracées

H 15-30 cm ; **E** 45-60 cm

Ne retenez que les variétés à port retombant pour les paniers suspendus. Installez-les de préférence à mi-ombre, à l'abri des vents froids et desséchants. 'Marinka' est une belle variété retombante à feuillage vert foncé, fleurs rouge rosé. 'Lady Thumb' est une petite forme buissonnante, dressée, à petites fleurs doubles rose et blanc.

Helichrysum petiolare

Composées

H jusqu'à 15 cm ; **E** 60 cm

Petit arbuste non rustique, à tiges ramifiées étalées à retombantes, à feuillage laineux persistant. Surtout apprécié pour son feuillage, il peut porter des petites fleurs insignifiantes en fin d'été. Il se plaît au soleil, en situation abritée et supporte assez bien la sécheresse. 'Limelight' est une variété à feuillage vert tilleul, vif, 'Variegatum' a des feuilles gris-vert panachées de crème et 'Silverlight' un feuillage gris.

Impatiens

VOIR P. 132, COULEURS SAISONNIÈRES.

Lantana camara

Verbénacées

H et **E** 1 m

Les feuilles persistantes de cet arbuste amateur de soleil sont gaufrées, vert mat, éclairées de bouquets de fleurs colorées, dans des tons changeant avec le temps, de jaune pâle à saumon, rouge et pourpré. 'Feston Rose' offre des inflorescences où se côtoient le jaune et le rose, 'Mine d'Or' porte de petites inflorescences denses, jaune d'or.

Lobelia erinus

LOBÉLIE

Campanulacées

H 10-25 cm ; **E** 10-15 cm

Cette précieuse petite plante, buissonnante à étalée, cultivée comme une annuelle, offre un feuillage vert ou bronze ponctué d'innombrables petites fleurs blanches, roses, rouges, violettes, pourpres ou bleues jusqu'en automne. 'Cascade' et 'Regatta' rassemblent des formes à port retombant. 'Crystal Palace' a des fleurs bleu foncé, 'Rosamund' des fleurs rouge cerise à œil central blanc.

Helichrysum petiolare 'Silverlight'

Lantana camara 'Mine d'or'

Lobelia 'Minstrel'

Pelargonium variegatum

Petunia 'Vogue'

Tropæolum 'Apricot Twist'

Verbena 'Silver Anne'

Mimulus
Scrophulariacées
H 15-30 cm ; **E** 30 cm

Plantes vivaces ou annuelles, à port buissonnant étalé, qui se plaisent en situation chaude et ensoleillée et portent tout l'été des fleurs en trompette. Les cultivars de *Mimulus* × *hybridus*, non rustiques, comme 'Calypso' ont des fleurs unies, bicolores ou tachetées, dans les tons de rouge, rose, orange et jaune. Ceux du type 'Magic' offrent des teintes pastel peu courantes, mais aussi des tons de jaune, rouge, orange.

Pelargonium
GÉRANIUM
Géraniacées
H et **E** jusqu'à 50 cm

Les géraniums lierres, à tiges retombantes, sont particulièrement précieux pour les potées et paniers suspendus. Le feuillage peut être selon les cas uni, panaché de crème ou rouge-brun. Les teintes de fleurs vont du blanc au rouge et violet en passant par rose et saumon. Ils apprécient le soleil ou la mi-ombre, mais sont très adaptables. 'L'Elégante' a un feuillage vert argenté panaché de crème, se teintant de pourpre en conditions sèches. 'Abel Carrière' offre des fleurs semi-doubles pourpre clair. 'Jackie' a des petites feuilles et des fleurs doubles rose lavande (voir aussi p. 133, COULEURS SAISONNIÈRES).

Petunia
PÉTUNIA
Solanacées
H jusqu'à 30 cm ; **E** jusqu'à 1 m

Une valeur sûre, robuste et florifère tout au long de l'été, qui préfère une situation ensoleillée et abritée des vents froids. Les *Surfinia* ont de longues tiges retombantes. Les *Grandiflora* ont des fleurs moins nombreuses et plus grandes que les *Multiflora*, plus buissonnants et à fleurs innombrables. 'Celebrity Pink Morn' est un *Grandiflora* à fleurs roses à centre jaune pâle, tandis que 'Purple Wave' est un *Multiflora* à fleurs rouge magenta éclatant.

Scævola aemula
Goodeniacées
H 15 cm ; **E** jusqu'à 1 m et plus

Une vivace à feuillage persistant, non rustique et généralement cultivée en annuelle, à tiges dressées à étalées. Les fleurs en éventail, bleu-violet à pourpre, se succèdent tout l'été. Ainsi 'Blue Wonder' déploie de vigoureuses tiges rampantes, avec une profusion de fleurs bleu lavande. 'Mauve Clusters', à port retombant également, a une floraison mauve très durable.

Thunbergia alata
Voir page 121, PLANTES GRIMPANTES ET ARBUSTES PALISSÉS.

Tropæolum majus
CAPUCINE
Tropæolacées
H 1-3 m ; **E** 1,50-3 m

Vigoureuse plante à port grimpant ou étalé, à feuilles rondes, vert clair et fleurs éperonnées se succédant tout l'été et l'automne, dans des tons de jaune, orangé et rouge. Les fleurs comestibles sont très décoratives dans les salades. Les variétés de la race Alaska sont des annuelles naines, buissonnantes, à feuilles tachetées de crème et fleurs jaunes, orange, crème ou rouge brique. 'Peach Melba' a des fleurs semi-doubles jaunes, à centre rouge orangé.

Verbena
VERVEINE
Verbenacées
H 20 cm ; **E** 1 m

Ces vivaces non rustiques, à port étalé, ont des feuilles vert moyen, dentées, de petites fleurs rouges, saumon, roses, pourpres, blanches ou jaunes, groupées en bouquets aplatis denses. Elles se plaisent en situation ensoleillée. 'Lawrence Johnson' porte de grands bouquets de fleurs rouges ; 'Sissinghurst' a un feuillage sombre, des fleurs rouge magenta, 'Silver Anne' se distingue par des fleurs rose vif délicatement parfumées, qui virent peu à peu au blanc argenté.

Vinca minor
Voir page 125, FEUILLAGES DÉCORATIFS.

PLANTES À PORT ÉTALÉ

Les petites plantes à port étalé sont parfaites pour garnir un recoin ou un joint de dallage, mais aussi pour composer des paysages en miniature en les groupant dans des potées. Pour la texture, alignez de petits pots d'orpins aux feuilles succulentes ; pour les floraisons, placez des touffes d'aubriète aux fleurs mauves, roses ou violettes en haut d'un muret. Le lamier, comme *Lamium maculatum* 'Beacon Silver' fait un excellent faire-valoir pour des fleurs mauves, tandis que le *Tiarella cordifolia* se plaît comme couvre-sol à l'ombre. L'*Erigeron* est parfait pour occuper une fissure dans un dallage. Il en adoucit les lignes et supporte d'être piétiné.

Erigeron glaucus

Ajuga reptans

BUGLE RAMPANTE

Lamiacées

H 10-30 cm ; **E** 30 cm

Cette petite vivace à port rampant est parfaite en couvre-sol ou en bordure. Elle a des feuilles oblongues vert foncé, des fleurs bleues en été. 'Burgundy Glow' se distingue par un feuillage pourpre. À planter à mi-ombre.

Alyssum

ALYSSE

Brassicacées

H 10-15 cm ; **E** 60 cm

Vivaces à feuillage persistant, tapissantes ou en touffe, à feuillage gris-vert et petites fleurs jaunes ou blanches en début d'été. Elles se plaisent au soleil, en sol bien drainé. *Alyssum montanum* 'Berggold' a des fleurs jaune d'or, *A. spinosum* des fleurs blanches, un feuillage argenté, *A. spinosum* 'Roseum' des fleurs roses.

Ajuga reptans

Arabis caucasica

CORBEILLE D'ARGENT

Brassicacées

H 15 cm ; **E** 50 cm

Vigoureuse vivace tapissante, à feuillage persistant gris-vert, couvert en fin de printemps de bouquets lâches de fleurs parfumées blanches. Bien rustique, elle se plaît au soleil, en tout sol bien drainé. 'Flore Pleno' a des fleurs doubles, 'Variegata' un feuillage marginé de jaune, tandis que *A.* × *arendsii* 'Rosabella' a des fleurs rose vif.

Aubrieta × *cultorum*

AUBRIÈTE

Brassicacées

H 5 cm ; **E** 60 cm

Vivace à port étalé, à feuillage persistant vert moyen et fleurs à 4 pétales au printemps. Plantez-la au soleil, en sol bien drainé ou sur un talus ou muret. 'Argenteovariegata' est une variété à fleurs mauves, feuilles bordées de blanc, 'Aureovariegata' est similaire, à feuilles bordées de jaune, 'Bressingham Pink' à fleurs doubles roses, 'Joy' à fleurs doubles mauves, 'J. S. Baker' à fleurs pourpres à œil blanc.

Erigeron

VERGERETTE

Asteracées

H 5-60 cm ; **E** 30-45 cm

Des petites alpines aux grandes espèces en touffe large, ces vivaces se plaisent au soleil. *E. karvinskianus* tapissant, vigoureux, a des fleurs blanches à cœur jaune, qui virent peu à peu au rose. *E. chrysopsidis* 'Grand Ridge', tapissant, dense porte en été des fleurs jaunes. *E. glaucus* offre de la fin du printemps jusqu'en fin d'été des fleurs mauves à centre jaune.

Lamium maculatum

LAMIER

Lamiacées

H 20 cm ; **E** jusqu'à 1 m

Vivace basse, à port étalé, à feuilles en cœur, assez grandes, dentées, souvent panachées. Les fleurs apparaissent en fin de printemps mais c'est surtout le feuillage qui est décoratif dans une suspension. Se plaît à mi-ombre. *L. m. album* a des feuilles marbrées d'argent, 'Aureum' a des feuilles jaunes à centre blanchâtre et 'Beacon Silver' des feuilles argentées à fin liseré vert.

Sedum

ORPIN

Crassulacées

H 25 cm ; **E** 50 cm

Vivaces rustiques, tapissantes, portant en été et automne des fleurs étoilées jaunes ou blanches. Ils se plaisent au soleil, en sol bien drainé, neutre ou calcaire. *Sedum acre*, à croissance très lente, a des fleurs jaunes ; *S.* 'Ruby Glow' a des tiges rouges, des feuilles vert pourpré et des fleurs rouges en fin d'été et automne. *S. spectabile* est plus grand, avec des bouquets plats de fleurs roses au-dessus de feuilles charnues.

Sempervivum

JOUBARBE

Crassulacées

H 8-10 cm ; **E** 30 cm

Vivaces rustiques, tapissantes, en rosettes de feuilles succulentes, parfois couvertes d'un réseau de fins fils. En été, inflorescences aplaties de petites fleurs étoilées jaunes, blanches, rouges ou pourpres. À cultiver au soleil, en sol bien drainé. *Sempervivum arachnoideum* a des feuilles rougeâtres à fils blancs, des fleurs roses. *S. giuseppii* a des feuilles vert vif à extrémité rouge et des fleurs rouges.

Tiarella cordifolia

Saxifragacées

H 10-30 cm ; **E** 30-45 cm

Vigoureuse vivace herbacée, rustique, parfaite comme couvre-sol ou en panier suspendu. Elle s'étale par des stolons et se plaît en sol frais (mais non détrempé), à l'ombre ou à mi-ombre. Les feuilles en cœur, lobées, vert pâle, se teintent de pourpre en automne. Tout l'été se succèdent des épis lâches de minuscules fleurs blanc crème.

COULEURS SAISONNIÈRES

Cyclamen à floraison hivernale

L'objectif principal dans un petit espace est d'assurer un intérêt coloré, feuillages ou floraisons, en toute saison. Un jardin qui s'anime seulement en été est bien lugubre le reste de l'année ! Même si l'hiver est inévitablement moins riche en couleurs que les autres saisons, il importe dans un petit jardin, cour ou balcon d'assurer un relais des floraisons et feuillages décoratifs.

Le printemps, avec sa palette de plantes bulbeuses aux couleurs vives, ses feuillages vert frais, offre de multiples possibilités, des premiers perce-neige et crocus aux petits narcisses odorants, aux tulipes éclatantes, aux scilles étoilées, tandis que pensées et primevères déploient également leur floraison réconfortante entre début et mi-printemps.

L'été joue l'opulence, avec les floraisons des annuelles, des vivaces et même des arbustes à fleurs. Les petits oeillets mignardises si odorants, les gazanias exotiques, les soucis aux couleurs chaudes et toute la gamme des fleurs de marguerite colorées vous autorisent un véritable feu d'artifice estival, à nuancer de teintes plus douces, de floraisons vaporeuses, comme celles des népétas. Enfin la diversité des rosiers miniatures et buissons, qui se prêtent à la culture en pot ou bac, permet d'avoir des roses sur le plus petit des balcons, voire sur un appui de fenêtre.

L'automne et l'hiver offrent certes moins de diversité, mais la rareté des floraisons fait qu'on les apprécie d'autant plus ! Les derniers embrasements de l'été se prolongent en automne avec l'éclat des dahlias et chrysanthèmes. Les cyclamens aux feuilles et fleurs délicates, le petit iris à floraison hivernale *Iris unguicularis*, les pensées, les arbustes à floraison odorante comme mahonia ou hamamélis parfument et égaient le jardin en hiver.

PRINTEMPS

Convallaria majalis
MUGUET
Convallariacées
H 25 cm ; **E** 5 cm

Vivace rustique à grandes feuilles ovales, se plaisant à mi-ombre et s'étalant par ses tiges souterraines rhizomateuses. Les hampes dressées portent au printemps de petites fleurs blanches en clochettes cireuses, délicieusement parfumées. 'Striata' est une variété à feuilles rayées de crème, 'Flore Pleno' une variété à fleurs doubles et 'Rosea' à fleurs rose-mauve.

Crocus
Iridacées
H jusqu'à 10-12 cm ; **E** 2,5-5 cm

Petites plantes à floraison printanière ou automnale, issues de cormus. Les longues feuilles fines sont souvent rayées de blanc sur la face supérieure. Les fleurs évasées, jusqu'à 4 ou plus par cormus, prennent des tons de blanc, jaune, bleu-violet et pourpre. *C. chrysanthus*, *C. corsicus*, *C. gargaricus*, *C. minimus* et leurs hybrides fleurissent au printemps. *C.* × *luteus* 'Dutch Yellow' est un cultivar vigoureux qui fleurit au printemps en plein soleil.

Erysimum (syn. *Cheiranthus*)
GIROFLÉE
Brassicacées
H 25-80 cm ; **E** 30-40 cm

Ces giroflées, rustiques et colorées, fleurissent généreusement au printemps, dans des tons de jaune, orange, rouge et violet. Les variétés du groupe Bedder de *Erysimum cheiri* sont compactes. *E.* 'Bowles Mauve' est une vivace à floraison rouge violacé. *E.* × *kewense* 'Harpur Crewe' a des fleurs doubles, jaunes.

Galanthus nivalis
PERCE-NEIGE
Amaryllidacées
H jusqu'à 25 cm ; **E** 5-10 cm

Plante vivace bulbeuse, développant en fin d'hiver-début de printemps de longues feuilles rubanées et de petites fleurs pendantes. Le feuillage disparait ensuite et la plante demeure dormante jusqu'à la saison suivante. Les perce-neige préfèrent les sols frais, à mi-ombre. 'Flore Pleno' est une variété originale, à fleurs doubles. *Galanthus elwesii* se distingue par de fines fleurs odorantes.

Helleborus
HELLÉBORE
Renonculacées
H et **E** jusqu'à 60 cm et plus

Vivaces rhizomateuses, à feuilles basales ou tiges bisannuelles. Toutes préfèrent la mi-ombre. *Helleborus argutifolius* a des feuilles dentées, des fleurs vert pâle, *H. foetidus* un feuillage vert foncé et des fleurs vert pâle à liseré pourpre, *H. niger*, la rose de Noël, de grandes fleurs blanches, parfois teintées de rose ou vert, tandis que *H. orientalis* offre des fleurs blanc verdâtre à pourpres, avec de nombreux hybrides aux teintes variées.

Convallaria majalis

Iris
Iridacées

H jusqu'à 30 cm ; **E** 10 cm

Les iris bulbeux fleurissent pour la plupart avant les iris rhizomateux ; ces deux catégories demandent un sol bien drainé, en plein soleil. *Iris reticulata* porte une fleur par bulbe, bleu-violet à rouge pourpré, avec une ligne jaune sur chaque pétale externe ; tandis que *I. danfordiae* a des fleurs jaunes marquées de vert. Parmi les hybrides, 'Apollo' a des fleurs jaune et crème, 'Harmony' bleu roi.

Muscari
Hyacinthacées

H 20 cm ; **E** 5 cm

Ces vivaces bulbeuses ont des feuilles charnues, étroites, puis des épis de petites fleurs en clochettes au printemps. Plantez-les au soleil et divisez régulièrement les touffes. *Muscari armeniacum* porte des fleurs bleu vif, celles de sa variété 'Blue Spike' sont doubles. *M. aucheri* 'Tubergenianum' a des fleurs bleues et une couronne de fleurs stériles ; *M. botryoides* 'Album' des fleurs blanches, odorantes.

Narcissus
NARCISSE

Amaryllidacées

H 15-60 cm ; **E** 5-15 cm

Ces vivaces bulbeuses, à longues feuilles rubanées, portent 1 à 20 fleurs par tige, généralement jaunes ou blanches, parfois avec des tons orangés, roses, voire rouges. Parmi les innombrables hybrides, 'Rip Van Winkle' offre des fleurs doubles jaunes, 'Scarlet Gem' des bouquets de fleurs parfumées jaunes à centre orangé, 'Peeping Tom' des fleurs jaunes, longues, très durables, tandis que 'Geranium', très odorant est blanc et orangé.

Primula
PRIMEVÈRE

Primulacées

H 20 cm ; **E** 25-35 cm

De nombreuses espèces et hybrides de primevères fleurissent au printemps, en une palette colorée de rouge, orangé, jaune, blanc, rose et pourpre. Elles se plaisent au soleil ou à mi-ombre, pourvu que le sol demeure frais. *Primula vulgaris* est une vivace qui forme une rosette de feuilles entourant les grandes fleurs. Les variétés cultivées offrent de nombreux coloris ; ainsi 'Jack in the Green' a des fleurs jaunes doublées de bractées vertes ; *P. vulgaris* subsp. *sibthorpii* a des fleurs roses, rouges, blanches ou pourpres. *P. auricula* offre des bouquets de fleurs parfumées jaunes sur une longue hampe. Ses variétés enrichissent la palette des teintes, comme 'Adrian', à fleurs bleu pourpré à centre jaune pâle.

Rhododendron
RHODODENDRON ET AZALÉE

Éricacées

H et **E** 1-4 m

Ces arbustes de sol acide, qui préfèrent pour la plupart la mi-ombre, fleurissent entre début et fin de printemps, du précoce *Rhododendron* 'Praecox' (rose pourpré) aux azalées de mi-saison comme *R.* 'Hino-Mayo', à fleurs roses, ou au superbe *R. yakushimanum* (rose en bouton, puis pâlissant jusqu'au blanc, aux feuilles couvertes d'un duvet couleur cannelle). La palette des teintes comprend blanc, rose, orange, jaune, rouge et pourpre.

Scilla siberica
SCILLE DE SIBÉRIE

Hyacinthacées

H 10-20 cm ; **E** 5 cm

Vivace bulbeuse d'aspect délicat, bien que robuste et rustique, à longues feuilles fines et fleurs par 4-5 en bouquets, bleu vif, en clochette ou en coupe, sur une tige vert foncé. La variété 'Alba' a des fleurs blanches, 'Spring Beauty' des fleurs bleu soutenu. À cultiver au soleil ou à mi-ombre, en sol bien drainé.

Tulipa
TULIPE

Liliacées

H 20-60 cm ; **E** 15-20 cm

Vivaces bulbeuses qui offrent une grande diversité de tailles, formes et teintes de fleurs. Les fleurs sont généralement en coupe de 6 pétales chevauchants, solitaires ou en bouquets. *Tulipa fosteriana* et ses hybrides ont des fleurs simples, blanches, jaunes ou rouges, parfois avec un liseré ou des taches basales contrastées, comme 'Purissima' (syn. 'White Emperor'), à fleurs blanc pur. Les feuilles sont souvent marquées de rouge pourpré. 'Red Riding Hood' (syn. 'Petit Chaperon Rouge'), du groupe Greigii a des fleurs écarlates. *T. kaufmanniana* a des fleurs très ouvertes, jaune crème suffusées de rose, orangé ou rouge au revers. *T. præstans* porte des bouquets de fleurs rouge orangé, *T. clusiana* des fleurs blanches rayées de rose au revers. À planter en situation ensoleillée et abritée.

Viola
VIOLETTE, VIOLA, PENSÉE

Violacées

H et **E** 10 cm

Vivaces basses à feuilles en cœur et fleurs délicates, qui se plaisent au soleil ou à mi-ombre. *Viola canina*, la violette-des-chiens, a des fleurs bleues, violettes ou blanches, *V. cornuta* des fleurs bleu-violet marquées de blanc, *V. labradorica* un jeune feuillage bronze et des fleurs pourpres, *V. tricolor* se ressème facilement et offre du printemps à l'automne ses fleurs pourpres, jaunes ou blanches, tandis que *V. bicolor* est une espèce naine, rampante, à fleurs jaunes.

Erysimum 'Bowles Mauve'

Narcissus 'Peeping Tom'

Crocus × luteus 'Dutch Yellow'

Muscari armeniacum

Scilla siberica

ÉTÉ

Ageratum houstonianum
Composées
H et **E** 15-30 cm

Les papillons apprécient les inflorescences pelucheuses de l'*Ageratum*, dans leurs tons de bleu-violet, rose ou blanc. Plantez-le en situation ensoleillée et abritée, par exemple en bordure de massif. 'Bavaria' est une variété à fleurs bleues et blanches, 'Hawaï White' à fleurs blanches, tandis que 'Pacific' est d'un bleu-violet soutenu et 'Swing Pink' rose vif. 'Danube Bleu' ou 'Blue Danube', bleu lavande, est très florifère.

Armeria
GAZON D'ESPAGNE
Plumbaginacées
H 30-50 cm ; **E** 25-30 cm

Vivaces rustiques et robustes, qui se plaisent au soleil, en tout sol pourvu qu'il soit bien drainé. Avec leur forme en coussinet de fines feuilles rubanées, leurs inflorescences arrondies en fin de printemps et début d'été, elles font de bonnes plantes de bordure. *Armeria juniperifolia* a des fleurs rose pourpré à blanches, *A. maritima* des fleurs rouge pourpré, roses ou blanches selon la variété.

Bellis perennis
PÂQUERETTE
Composées
H et **E** 5-20 cm

Cette vivace en rosette de feuilles arrondies vert vif se plaît pour ainsi dire en toutes situations et se ressème si l'on ne supprime pas les fleurs fanées. Elle porte au printemps et en été des fleurs blanches, roses ou rouges à cœur jaune. La race Pomponette offre des fleurs doubles, jusqu'à 4 cm de diamètre, tandis que celles de la race Tasso, jusqu'à 6 cm, ont des pétales tubulés.

Calendula officinalis
SOUCI DES JARDINS
Composées
H 30-60 cm ; **E** 30-45 cm

Annuelle rustique, qui se ressème aisément, se plaît au soleil en sol bien drainé, même pauvre. Fleurs de marguerite simples à doubles, dans les tons d'orangé, jaune, crème, à centre pourpre à brun, qui se succèdent tout l'été. 'Fiesta Gitana' est une variété naine à fleurs doubles, jaune pâle ou orangé. 'Indian Prince' a des fleurs orange foncé, teintées de brun.

Dianthus plumarius
ŒILLET MIGNARDISE
Caryophyllacées
H 25-45 cm ; **E** 40 cm

Vivaces en touffes, à feuillage persistant, se plaisant au soleil, sur sol calcaire. Fleurs simples, semi-doubles à doubles, jusqu'à 6 par tige, avec de nombreuses associations de couleurs. 'Gran's Favourite', a des fleurs blanches, à liseré et centre mauve, au parfum de clou de girofle. 'Doris' a des fleurs doubles rose pâle à centre plus foncé, et 'Mrs Sinkins' des fleurs odorantes doubles, frangées, blanches.

Dictamnus albus
FRAXINELLE
Rutacées
H 40-90 cm ; **E** 60 cm

Vivace en touffe, à feuilles finement divisées, au parfum citronné. En début d'été, longs épis de fleurs blanches ou rosées, à longues étamines. Se plaît en tout sol bien drainé, au soleil ou à mi-ombre. Var. *purpureus* a des fleurs mauves à veines sombres.

Gazania
Composées
H 20-25 cm ; **E** 25 cm

Annuelles ou vivaces semi-rustiques, à feuilles gris-vert. Grandes fleurs de marguerite dans les tons de rouge, orangé,

Ageratum houstonianum 'Blue Danube'

jaune et blanc. Parfaites pour la culture en pot, elles demandent le plein soleil et un sol bien drainé. La race Chansonnette rassemble des vivaces dont les fleurs portent un anneau central sombre, la race Mini-Star des formes vivaces compactes, basses et la race Talent des vivaces vigoureuses.

Geranium
GÉRANIUM VIVACE
Géraniacées
H 15-60 cm ; **E** 30-90 cm

Plantes vivaces, rustiques, qui se plaisent presque en toute situation. Fleurs dans les tons de pourpre, bleu, rose ou blanc. *Geranium cinereum* est une espèce naine, en rosette, à fleurs blanches ou roses, veinées de pourpre. *G. himalayense* 'Gravetye' a des fleurs bleues, teintées de pourpre autour du centre blanc. *G. sanguineum* offre tout l'été des fleurs magenta ou blanches pour sa variété 'Album'. *G.* 'Johnson's Blue' a des fleurs bleu lavande à centre teinté de rose.

Gladiolus
GLAÏEUL
Iridacées
H 0,45-1,70 m ; **E** 5-15 cm

Vivaces à port dressé, issues d'un cormus produisant un épi de fleurs en entonnoir, s'ouvrant de bas en haut de la tige. Plantez-les au soleil, en groupe pour plus d'impact. *Gladiolus callianthus* offre en fin d'été des fleurs parfumées blanches à cœur rouge pourpré ; *G. cardinalis* des fleurs rouges

Armeria maritima

Bellis perennis

marquées de blanc, tandis que *G. byzantinus* porte en début d'été des fleurs magenta.

Impatiens
BALSAMINE, IMPATIENTE
Balsaminacées
H 20-80 cm ; **E** 30 cm

Faciles à vivre mais non rustiques, les nombreuses variétés d'*Impatiens walleriana* fleurissent tout l'été à mi-ombre, en situation fraîche de préférence. *I. balsamina*, plus développée, porte des fleurs rouges, roses, pourpres ou blanches. La race Tom Thumb rassemble des plantes basses à grandes fleurs doubles. Les hybrides de Nouvelle-Guinée ont un feuillage vert ou bronze, parfois panaché, des fleurs pourpres, rouges, roses ou blanches.

Lychnis
Caryophyllacées
H 15-120 cm ; **E** 15-45 cm

Les différentes espèces vivaces, naines à élevées, sont faciles à cultiver. *Lychnis* × *arkwrightii*

Calendula officinalis

'Vesuvius' a des fleurs écarlates mises en valeur par un feuillage bronze ; *L. chalcedonica*, la croix-de-Malte, des bouquets ronds de fleurs rouges, *L. coronaria*, la coquelourde, un feuillage laineux gris et des fleurs rose vif ou blanches, tandis que *L. flos-jovis*, tapissante, a des fleurs blanches, roses ou écarlates.

Nepeta

NÉPÉTA, CHATAIRE

Lamiacées

H 40-90 cm ; **E** 40-60 cm

Robustes vivaces en touffes, qui se plaisent au soleil ou à mi-ombre, en sol bien drainé. Les fleurs bilabiées, blanches, bleues ou pourpres, sont groupées en épis. *Nepeta × faassenii* a un feuillage argenté aromatique, des fleurs lavande pâle. *N. sibirica*, à tiges dressées et ramifiées, a des fleurs bleues. 'Six Hills Giant' est un hybride vigoureux à floraison bleu-violet, 'Souvenir d'André Chaudron' est plus petit, à fleurs plus foncées.

Nicotiana

TABAC D'ORNEMENT

Solanacées

H 25-60 cm ; **E** 25-40 cm

Annuelles semi-rustiques à fleurs en trompette, à planter au soleil. *Nicotiana × sanderæ* porte des panicules lâches de fleurs rouges, roses, pourpres ou blanches. La race Domino offre des tons de rouge, rose, blanc, vert tilleul et pourpre, la race Havana des formes compactes et la race Merlin, naine également, est parfaite pour les potées.

Dictamnus albus

Gazania 'Tiger'

Osteospermum

DIMORPHOTECA

Asteracées

H et **E** 45-60 cm

Sous-arbrisseaux ou vivaces à feuillage persistant, appréciés pour leurs grandes fleurs de marguerite dans les tons de jaune, rose, pourpre ou blanc, souvent à centre plus foncé. *Osteospermum jucundum* a des feuilles gris-vert, des fleurs magenta à centre pourpre virant ensuite au doré. 'Buttermilk' est un hybride à pétales jaunes, blancs à la base, tandis que 'Whirligig' a des pétales spatulés blancs, bleus en dessous.

Pelargonium

GÉRANIUM

Géraniacées

H 20-45 cm ; **E** 15-30 cm

Vaste groupe de plantes généralement semi-rustiques, qui fleurissent abondamment en été et se prêtent à la culture en pot, en panier suspendu ou en massif. Parmi les pélargoniums à port dressé, les Regal, Zonale,

Geranium 'Johnson's Blue'

Impatiens hybrid

Unique et géraniums à feuillage odorant, 'Lord Bute' (Regal) offre des bouquets de fleurs rouge noirâtre, 'Apple Blossom' (Zonale) des fleurs blanches et roses, 'Mabel Grey' (à feuillage odorant) un parfum citronné et des fleurs mauves, tandis que 'Paton's Unique' (Unique) a des fleurs rouge rosé à œil blanc, un feuillage odorant (voir aussi p. 128, PLANTES RETOMBANTES).

Rosa

ROSIER MINIATURE ET ROSIER BUISSON

Rosacées

H 15-60 cm ; **E** 30 cm

Groupe de petits rosiers buissonnants, offrant de nombreuses petites fleurs doubles tout l'été et jusqu'en automne. Ils sont parfaits en pot ou bac, en bordure ou dans une petite plate-bande, au soleil. On en trouve aussi sous forme de rosiers tiges. 'Baby Masquerade' a des fleurs doubles, jaune rosé, 'Little White Pet' des bouquets de

Nicotiana × sanderæ

fleurs blanc rosé et 'Orange Meillandina' des fleurs rouge orangé.

Rudbeckia

Asteracées

H 60-90 cm ; **E** 45-90 cm

Annuelles, bisannuelles et vivaces qui apprécient un sol frais mais bien drainé, au soleil ou à mi-ombre. Les fleurs de marguerite dans les tons de jaune, orange et rouge se succèdent en été et automne. *Rudbeckia fulgida*, vivace, a des fleurs jaunes à centre brun, ses variétés *deamii* et *sullivantii* 'Goldsturm' sont plus basses, la seconde à grandes fleurs jaune d'or. *R. hirta*, bisannuelle, compte de nombreuses variétés très colorées.

Salvia

SAUGE

Lamiacées

H 40-90 cm ; **E** 30-60 cm

Vaste groupe de plantes, les unes rustiques, les autres non, aux fleurs bilabiées groupées en épis, au feuillage souvent aromatique. *Salvia greggii* est un arbuste nain à feuillage persistant, à fleurs pourpres, rouges, roses, jaunes ou violettes, disposées par paires. *S. patens* est une vivace tubéreuse à fleurs bleu vif, tandis que 'Cambridge Blue' est bien plus pâle.

Automne et hiver

Chrysanthemum
Chrysanthème
Composées
H 60-75 cm ; **E** 30 cm

Annuelles et vivaces buissonnantes, appréciées pour leur floraison généreuse en fin d'été et automne. Installez-les au soleil, en sol bien drainé. *Chrysanthemum carinatum* est une annuelle dressée, à fleurs jaunes ou blanches à centre pourpre. Les chrysanthèmes des fleuristes offrent des fleurs de formes variées, dans d'innombrables variétés, pour la culture en pot, tandis que les chrysanthèmes d'automne vivaces sont parfaits en massif.

Cyclamen
Primulacées
H 5-15 cm ; **E** 10-15 cm

Vivaces tubéreuses qui demandent une dormance estivale en situation chaude et sèche, et sont donc parfaites en rocaille, en pot ou en massif surélevé. *Cyclamen cilicium* a des fleurs roses ou blanches en automne ; *C. coum* des feuilles rondes, souvent marquées d'argent, des fleurs pendantes aux pétales réfléchis dans les tons de rose et rouge carmin en hiver ; *C. hederifolium* des fleurs roses en automne.

Daphne bholua
Thyméléacées
H 2-4 m ; **E** 1,50 m

Arbuste dressé, à feuilles coriaces, vert foncé. Il se plaît au soleil ou à mi-ombre, en sol frais, légèrement alcalin. En hiver, fleurs roses très odorantes, en bouquets à l'extrémité des pousses, suivies de baies rondes, noir pourpré. 'Gurkha' est une forme à feuilles caduques, très rustique, et 'Jacqueline Postill' a un feuillage persistant, des fleurs plus grandes, blanches à l'intérieur, rose pourpré au revers.

Pernettya (syn. Gaultheria)
Éricacées
H jusqu'à 1 m ; **E** jusqu'à 1,50 m

Arbustes rustiques, à petites feuilles persistantes, pointues, vert foncé lustré, à cultiver en sol acide, frais. La floraison en fin de printemps est suivie en automne de bouquets durables de baies colorées. *Pernettya mucronata* offre plusieurs variétés à baies rouges, roses, mauves, pourpres ou blanches.

Hamamelis
Hamamélis
Hamamélidacées
H et **E** 4 m

Arbustes rustiques pour sol neutre à acide, à petites fleurs arachniformes, souvent parfumées, en hiver, et à feuillage caduc, très coloré en automne. *Hamamelis × intermedia* a des fleurs jaunes, orange ou rouges, le cultivar 'Diane' des fleurs rouge sombre, 'Jelena' des fleurs orange cuivré. *H. mollis* porte des fleurs jaune d'or, jaune foncé pour sa variété 'Sandra', à jeune feuillage pourpre et belles teintes d'automne.

Iris unguicularis
Iridacées
H jusqu'à 30 cm ; **E** 10 cm

Vigoureux iris rhizomateux, qui déploie en fin d'hiver et début de printemps de grandes fleurs odorantes, pourpre plus ou moins foncé, à marques jaunes, sur des tiges courtes. 'Alba' a des fleurs blanches, 'Mary Barnard' des fleurs violettes en milieu d'hiver. Plantez-les au soleil, en sol bien drainé, neutre à calcaire, en situation abritée.

Mahonia
Berbéridacées
H et **E** 1-4 m

Arbustes robustes et rustiques, se plaisant au soleil ou à mi-ombre, à feuilles coriaces, épineuses et épis de fleurs jaune vif, odorantes, en hiver. *Mahonia aquifolium* a des feuilles vert vif, qui se teintent de rouge en hiver lorsqu'apparaissent les bouquets denses de fleurs. Les hybrides *M. × media* comme 'Charity' et 'Winter Sun', sont plus dressés, à grappes de fleurs plus longues.

Schizostylis coccinea
Iridacées
H 60 cm ; **E** 30 cm

Fleurissant de la fin d'été au début d'hiver, cette plante vivace rhizomateuse, à feuillage persistant, est appréciée pour ses longs épis de fleurs ressemblant à celles des glaïeuls, dans les tons de rouge, rose, magenta et blanc. Elle est parfaite en potée. Parmi les variétés à floraison tardive figurent 'Alba', à fleurs blanches, 'Major' à grandes fleurs rouges et 'Sunrise' à grandes fleurs rose saumoné.

Skimmia japonica
Rutacées
H et **E** 1 m

Arbuste compact à feuilles ovales, faiblement aromatiques, persistantes, à planter de préférence à mi-ombre. 'Rubella' est un clône mâle à feuilles bordées de rouge, panicules de boutons floraux rouge foncé formés dès l'automne, s'épanouissant en fin d'hiver et début de printemps. Un sujet femelle, comme 'Rogersii', planté à proximité, formera des baies rouges persistant jusqu'à la floraison suivante.

Viola × wittrockiana
Pensée
Violacées
H 15-25 cm ; **E** 20-30 cm

Vous pouvez trouver des variétés de pensées pour une floraison chaque saison de l'année, pour vos potées d'hiver comme d'été ! Les cultivars de *V. × wittrockiana* comprennent les pensées à grandes fleurs colorées en hiver, dans des tons de pourpre, bleu, blanc, jaune, orangé, rose ou rouge, avec des formes bicolores, souvent à tache centrale de teinte contrastée. Elles se plaisent au soleil comme à l'ombre. Supprimez régulièrement les fleurs fanées.

Cyclamen hederifolium

Daphne bholua 'Gurkha'

Iris unguicularis

Bassin et bord de l'eau

Même une petite cour peut accueillir un tout petit bassin, voire une pièce d'eau miniature dans un bac (voir pages 102-103). L'eau permet d'élargir la palette des plantes cultivées, tout en ajoutant une note féérique au tableau. Pensez aussi aux plantes qui, sans être aquatiques, se plaisent en sol humide, par exemple au bord d'une pièce d'eau.

Caltha palustris 'Flore Pleno'

Ligularia dentata 'Desdemona'

Aponogeton distachyus
Aponogétonacées

H 10-15 cm ; **E** 1,20 m

Plante vivace aquatique, rustique, à longues feuilles ovales, flottantes, vert vif, issues d'un rhizome submergé. Au printemps et en automne, bouquets de petites fleurs blanches au parfum d'aubépine, juste au-dessus de l'eau. À planter sous 1 m d'eau, en pleine terre ou en panier de plantation, de préférence au soleil. Supprimez les feuilles mortes et les fleurs fanées.

Caltha palustris
POPULAGE

Renonculacées

H 10-40 cm ; **E** 45 cm

Plante vivace de berge, à feuilles réniformes vert foncé et fleurs en coupe, jaunes ou blanches, au printemps, parfois avec une légère remontée en été. À cultiver en sol très humide ou juste recouvert d'eau, de préférence au soleil. 'Alba' est une variété plus compacte, à fleurs blanches à cœur jaune en début de printemps, tandis que 'Flore Pleno' a des fleurs doubles.

Iris
IRIS D'EAU

Iridacées

H 80 cm

Vivaces rustiques, rhizomateuses, à fleurs pourpres, bleues, roses, rouges, jaunes ou blanches, qui se plaisent au bord de l'eau, en sol humide à détrempé. *Iris kaempferi* (*I. ensata*) a des fleurs rouge pourpré, la variété 'Blue Pompon' des fleurs bleues, 'Comtesse de Paris' des fleurs blanches. *I. lævigata* a des fleurs bleu pourpré, la forme 'Rosea' des fleurs roses et 'Variegata' des feuilles rayées de vert et crème (voir aussi p. 131 et 134, COULEURS DE SAISON : PRINTEMPS ET AUTOMNE-HIVER).

Lagarosiphon major (syn. *Elodea crispa*)
ÉLODÉE

Hydrocharitacées

H jusqu'à 1 m ; **E** illimité

Vivace aquatique submergée, rustique, à tiges jusqu'à 1 m de long, ramifiées, couvertes de feuilles ondulées vert foncé. Elle a un rôle de plante oxygénante, formant peu à peu une masse dense qu'il faut éclaircir – ce qui n'est pas difficile car les tiges cassent facilement. De minuscules fleurs rose verdâtre se développent en été parmi les feuilles.

Ligularia dentata
LIGULAIRE

Composées

H 1-1,50 m ; **E** 1 m

Vivace rustique qui demande un sol humide en permanence (mais non détrempé), au soleil et en situation plutôt abritée. Les feuilles rondes à pétioles teintés de rouge sont dominées en été et automne par de longs épis dressés de fleurs de marguerite jaunes ou orange, à cœur brun. 'Desdemona' est une variété à feuilles brunâtres, pourpres en dessous et floraison orangée.

Nymphæa
NÉNUPHAR (MINIATURE)

Nymphéacées

E 75-90 cm

Vivaces herbacées aquatiques, à feuilles rondes, flottantes et belles fleurs, parfois odorantes, dans les tons de rouge, rose, blanc, jaune et bleu. Choisissez des variétés miniatures à cultiver en plein soleil, comme 'Albida', à feuilles rougeâtres et fleurs blanches, 'Ellisiana', à feuillage vert foncé, fleurs rouges à étamines orange, ou encore 'Indiana', à fleurs abricot virant au rouge orangé, à étamines orange.

Pontederia cordata

Pontederia cordata
PONTÉDÉRIE

Pontédériacées

H 0,90-1,20 m ; **E** 60-75 cm

Plante vivace de berge, rustique, qui se plaît en plein soleil, dans moins de 10 cm d'eau. Les feuilles lancéolées vert vif peuvent être sous, juste en surface ou au-dessus de la surface de l'eau. En fin d'été, épis dressés de fleurs tubulées, bilabiées, bleues. *P. lancefolia* est une forme plus grande, à feuilles plus longues et plus étroites.

Primula denticulata
PRIMEVÈRE DENTICULÉE

Primulacées

H et **E** 45 cm

Vivace rustique, formant une rosette de longues feuilles arrondies, vert moyen, blanchâtres dessous. Se plaît en sol neutre à acide, demeurant frais en permanence (mais non inondé), au soleil ou à mi-ombre. Les robustes tiges dressées portent des bouquets sphériques de petites fleurs en trompette ; pourpre à œil central jaune, au printemps. *P. d. alba* est une forme à fleurs blanches, tandis que celles de 'Rubra' sont rouge pourpré.

Rodgersia pinnata
Saxifragacées

H 1,20 m ; **E** 75 cm

Vivace rhizomateuse en touffe, qui se plaît dans un sol demeurant humide en permanence, au soleil ou à mi-ombre, à l'abri des vents froids. Les feuilles palmées, à long pétiole vert rougeâtre, sont si nervurées qu'elles ont une texture gaufrée. En été, épis lâches de petites fleurs étoilées, blanc crème, roses ou rouges. 'Superba' est une variété à jeunes feuilles bronze pourpré

LÉGUMES ET PLANTES AROMATIQUES

Lavandula angustifolia

La plupart des jardiniers, même s'ils ne disposent que d'un petit carré de jardin, rêvent de quelques récoltes savoureuses. Les plantes aromatiques sont des candidates idéales pour les situations ensoleillées, comme les appuis de fenêtre et nombre d'entre elles se prêtent à la culture en pot, à partir de semis ou boutures. Si vous avez un peu de place, offrez-vous un petit jardin d'herbes, joliment souligné de buis taillé.

Vous pouvez adopter les herbes aromatiques pour leurs vertus médicinales, leur saveur dans la cuisine, ou tout simplement pour leurs qualités décoratives. Leurs teintes douces, leurs arômes ont un effet très apaisant et certaines, comme la marjolaine ou la lavande, attirent abeilles et papillons.

Quelques plantes potagères, laitues, tomates, fraises, haricots et pommes de terre, peuvent même être cultivées en pot ou bac, plus ou moins sophistiqué, comme les pots à fraisiers, avec des trous de plantation sur les côtés. Pour produire correctement, ces plantes demandent un terreau riche, des arrosages réguliers, mais aussi du soleil pour la maturation des fraises et des tomates par exemple. Ces dernières demandent par ailleurs à être tuteurées pour soutenir les tiges alourdies par les fruits. Des apports réguliers d'engrais leur sont aussi nécessaires pour stimuler la production. Les haricots d'Espagne, aussi décoratifs que délicieux, feront beaucoup d'effet palissés sur des tuteurs disposés en tipi (voir pages 18-19). La récolte des gousses dure jusqu'à la fin de l'été. Les laitues sont faciles à cultiver à partir de semis ou de plants et les variétés « feuille de chêne » sont assez décoratives pour dessiner des bordures dans un petit bout de jardin.

PLANTES AROMATIQUES

Allium schœnoprasum
CIBOULETTE
Liliacées
H 30-60 cm ; **E** 10-15 cm

Vivace bulbeuse, rustique, poussant en touffe, cultivée pour ses feuilles comestibles, creuses, vert foncé, à saveur douce d'oignon. À planter en sol bien drainé, au soleil de préférence. En été, inflorescences denses, globuleuses, de fleurs rose pourpré (parfois blanches).

Anthriscus cerefolium
CERFEUIL
Ombellifères
H 50-60 cm ; **E** 30 cm

Annuelle rustique, à port dressé, à feuillage à saveur anisée. Cultivez-le au soleil ou à mi-ombre, en sol bien drainé. Arrosez régulièrement en période sèche pour retarder la montée en graine. Ombelles de minuscules fleurs blanches en été.

Lavandula angustifolia 'Hidcote'
LAVANDE
Lamiacées
H 60 cm ; **E** 75 cm

Arbuste compact, rustique, qui se plaît au soleil, en sol bien drainé. Il se prête à la culture en pot comme à la réalisation de bordures basses. Feuillage argenté aromatique, fleurs pourpres en été, qui peuvent être séchées pour la préparation de pot-pourri ou de sachets pour parfumer le linge de maison.

Mentha
MENTHE
Lamiacées
H 10-90 cm ; **E** 50 cm à illimité

Vivaces rhizomateuses, rustiques, envahissantes si l'on ne limite pas l'extension des racines. Cultivez la menthe en tout sol frais, au soleil. Pour maîtriser son développement, plantez-la en pot, au besoin enterré dans le sol. Nombreuses espèces et variétés comme *Mentha* × *gracilis* 'Variegata', M. × *piperita citrata* (menthe eau-de-Cologne), M. *pulegium* (menthe pouliot), M. *requienii* (menthe de Corse), M. *spicata* (menthe poivrée), M. *suaveolens* et M. × *villosa alopecuroides*.

Ocimum basilicum
BASILIC
Lamiacées
H 30-60 cm ; **E** 30 cm

Cultivé comme une annuelle semi-rustique, le basilic demande une situation chaude

Lavandula angustifolia 'Hidcote'

Mentha × *piperita*

et abritée, un terreau bien drainé, des arrosages réguliers. Les feuilles ovales-pointues sont délicieuses pour parfumer tomates et légumes d'été. Floraison estivale en épis de petites fleurs bilabiées. 'Purple Ruffles' est un cultivar à grandes feuilles pourpres, tandis que *O. b. minimum* est une forme à très petites feuilles.

Origanum vulgare
Origan
Lamiacées
H et **E** 30-60 cm

Vivace buissonnante à souche ligneuse, à feuilles ovales aromatiques utilisées pour parfumer grillades, soupes, etc. À cultiver au soleil, en sol bien drainé, plutôt calcaire. En été, inflorescences lâches de petites fleurs roses à blanches. 'Aureum' est une forme à feuillage doré, 'Compactum' à port en dôme compact et 'Variegatum' une variété à feuilles à pointe jaune.

Petroselinum crispum
Persil
Ombellifères
H 60-80 cm ; **E** 60 cm

Bisannuelle rustique, souvent cultivée en annuelle, à feuillage vert utilisé comme aromate et pour la décoration des plats. Semez-le au soleil ou à mi-ombre, en sol bien drainé. Il en existe diverses variétés, comme 'Géant d'Italie', à grandes feuilles plates très parfumées, 'Frisé Décora', vigoureux, à feuilles frisées, ou *P. tuberosum*, le persil de Hambourg, à grosses racines comestibles.

Salvia officinalis 'Purpurascens'

Rosmarinus officinalis
Romarin
Lamiacées
H et **E** 1-1,50 m

Arbuste rustique, à feuillage persistant aromatique et petites fleurs bilabiées bleues, roses ou blanches au printemps.
À planter au soleil, en sol bien drainé, en sujet isolé ou en haie. Parmi les différentes variétés, 'Prostratus' est une forme à port rampant, mais moins rustique que les autres ; 'Majorcan Pink' a des fleurs rose clair ; 'Miss Jessopp's Upright' à floraison bleue est une forme dressée, vigoureuse.

Salvia officinalis
Sauge officinale
Lamiacées
H 0,60-80 cm ; **E** 0,60-90 cm

Vivace à souche ligneuse, à feuilles persistantes aromatiques, longues, ovales. Petites fleurs bleu pourpré en début d'été. La sauge se plaît en tout sol bien drainé, en situation ensoleillée et se prête bien à la culture en pot. Parmi les variétés décoratives, 'Icterina' a des feuilles panachées de jaune et vert, 'Purpurascens' des feuilles teintées de pourpre et 'Tricolor' un feuillage panaché de gris-vert et crème, teinté de rose lorsqu'il est jeune.

Plantes potagères

Fragaria vesca
Fraisier des bois
Rosacées
H 10-15 cm ; **E** illimité

Si les fraisiers et leurs stolons sont parfois difficiles à maîtriser au jardin, ils sont parfaits pour la culture en pot. Installez-les au soleil ou sous une ombre légère, en sol ou terreau frais mais bien drainé. Selon les variétés, les fleurs blanches apparaissent entre printemps et automne, suivies des fruits sucrés. Supprimez les stolons ou utilisez-les pour la multiplication en les repiquant en godets.

Lycopersicon esculentum 'Phyra'

Lactuca sativa
Laitue
Composées
H 25 cm ; **E** jusqu'à 30 cm

De nombreuses variétés de laitue peuvent être cultivées dans un petit coin de jardin, voire dans une jardinière, pour peu que vous leur assuriez des apports réguliers d'engrais, et des arrosages suivis. Elles préfèrent le soleil ou l'ombre légère, qu'il s'agisse de laitues pommées comme 'Reine de Mai' ou de laitues à couper comme les 'Lollo Rossa' ou 'Feuille de chêne Verte'.

Lycopersicon esculentum
Tomate
Solanacées
H jusqu'à 1,20 m ; **E** jusqu'à 60 cm

Selon les variétés, vous pouvez cultiver les tomates sous serre ou au jardin, en pot ou bac ou en pleine terre. Choisissez des variétés adaptées au climat régional et pensez que les petites tomates-cerises, comme 'Gardener's Delight', 'Yellow Pearshaped' (jaune, en forme de poire) ou 'Tiny Tim', sont parfaites pour la culture en pot, jardinière ou même panier suspendu.

Phaseolus
Haricot
Légumineuses
H jusqu'à 1,20 m ; **E** jusqu'à 60 cm

Vous pouvez adopter dans un petit jardin, en pot ou bac comme en pleine terre, des variétés naines de haricots mangetout ou à filet, et même les haricots d'Espagne, à palisser, pour l'aspect décoratif en prime. Semez en fin de printemps en situation ensoleillée, tuteurez si nécessaire. Assurez des arrosages réguliers par temps chaud et sec.

Solanum tuberosum
Pomme de terre
Solanacées
H et **E** 60-90 cm

Il faut pour la culture des pommes de terre en bac un contenant d'au moins 30 cm de largeur et profondeur (même une grande poubelle en plastique noir !), muni de trous de drainage et placé au soleil. Installez 2-3 (plus si le contenant est plus large) plants de pomme de terre prégermés sur 10-15 cm de terreau ou terre, puis couvrez d'une hauteur de terreau équivalente. Rajoutez du terreau sur 10-12 cm quand les pousses atteignent 15-20 cm, et renouvelez ce buttage encore une fois en cours de culture.

CHOIX DES PLANTES

Vous trouverez sur ces pages une sélection de plantes (la plupart étant décrites pages 120-137) pour chaque situation. Vous y trouverez les meilleures espèces pour la culture en pot ou en suspension, mais aussi quelques petits arbres et arbustes pour structurer le jardin, certains intéressants pour la teinte de leur feuillage.

LÉGENDES
a = annuelles et bisannuelles
ar = arbustes
arb = arbres
a/v = vivaces gélives cultivées en annuelles
b = bulbeuses
cvs. = cultivars
g = grimpantes
sp. = espèces
v = vivaces

Plantes pour potées

Agapanthus (v - bleu)
Ageratum (a - bleu)
Alonsoa (a - orange)
Argyranthemum (a/v - blanc, rose, jaune)
Begonia semperflorens (a - coloris variés)
Begonia × *tuberhybrida* (a/v - rose, rouge, orange, blanc)
Bidens ferulifolia (a - jaune)
Brachycome iberidifolia (a - bleu)
Buxus sempervirens (ar - feuillage)
Cordyline australis (v - feuillage)
Diascia (v - rose, orange)
Felicia amelloides (a - bleu)
Fuchsia (ar - rose, pourpre, rouge)
Helichrysum petiolare (a/v - feuillage)
Hosta (v - feuillage)
Hyacinthus (b - coloris variés)
Hydrangea (ar - bleu, rose, blanc)
Impatiens walleriana (a/v - blanc, rose, rouge)
Laurus nobilis (ar - feuillage)
Lobelia erinus (a - bleu, rose, blanc)
Narcissus (b - jaune, blanc)
Nemesia (a - coloris variés)
Pelargonium (a/v - orange, rose, rouge, blanc)
Petunia (a/v - coloris variés)
Phormium (v - feuillage)
Primula (v - coloris variés)
Senecio cineraria (a/v - feuillage)
Tagetes (a - jaune, orange)
Tropaeolum (a - rouge, orange, jaune)
Tulipa (b - coloris variés)
Verbena × *hybrida* (a/v - coloris variés)
Viola × *wittrockiana* (a - coloris variés)

Plantes pour suspensions

Ageratum (a - bleu)
Alonsoa (a - orange)
Argyranthemum (a/v - blanc, rose, jaune)
Begonia semperflorens (a - coloris variés)
Begonia × *tuberhybrida* (a/v - rose, rouge, orange, blanc)
Bidens ferulifolia (a - jaune)
Brachycome iberidifolia (a - bleu)
Diascia (v - rose, orange)
Felicia amelloides (a - bleu)
Fuchsia (ar - rose, pourpre, rouge)
Glechoma hederacea 'Variegata' (v - feuillage)
Hedera helix (v - feuillage)
Helichrysum petiolare (a/v - feuillage)
Impatiens walleriana (a/v - blanc, rose, rouge)
Lobelia erinus (a - bleu, rose, blanc)
Lotus berthelotii (v - orange, feuillage)
Narcissus (b - jaune, blanc)
Pelargonium (a/v - orange, rose, rouge, blanc)
Petunia (a/v - coloris variés)
Plectranthus coleoides (a/v - feuillage)
Primula (v - coloris variés)
Scaevola (a/v - pourpre, bleu)
Senecio cineraria (a/v - feuillage)
Tagetes (a - jaune, orange)
Tropaeolum (a - rouge, orange, jaune)
Tulipa (b - coloris variés)
Verbena × *hybrida* (a/v - coloris variés)
Viola × *wittrockiana* (a - coloris variés)

Plantes à floraison colorée

Fleurs bleues/mauves

Agapanthus sp. et cvs. (v)
Ageratum sp. et cvs. (a)
Ajuga reptans (v)
Aquilegia flabellata (v)
Aster amellus (v)
Brunnera macrophylla (v)
Campanula sp. et cvs. (v)
Caryopteris × *clandonensis* (ar)
Catananche caerulea (v)
Ceanothus sp. et cvs. (ar)
Clematis cvs. (g)
Delphinium sp. et cvs. (v)
Echinops ritro (v)
Gentiana sp. et cvs. (v)
Geranium sp. et cvs. (v)
Hebe sp. et cvs. (ar)
Hosta sp. et cvs. (v)
Hyacinthoides hispanica (b)
Hydrangea sp. et cvs. (ar)
Iris sp. et cvs. (b)
Lavandula angustifolia (ar)
Meconopsis sp. (v)
Muscari sp. et cvs. (b)
Nepeta sp. et cvs. (v)
Nigella damascena (a)
Omphalodes cappadocica (v)
Penstemon heterophyllus (v)
Perovskia atriplicifolia (ar)
Plumbago sp. (ar)
Polemonium caeruleum (v)
Primula sp. et cvs. (v)
Pulmonaria sp. et cvs. (v)
Salvia sp. et cvs. (v et ar)
Scabiosa caucasica (v)
Veronica sp. et cvs. (v)
Viola sp. et cvs. (v et a)

Fleurs jaunes et orange

Achillea sp. et cvs. (v)
Anthemis tinctoria (v)
Aurinia saxatilis (v)
Buphthalmum salicifolium (v)
Clematis tangutica (g)
Coreopsis verticillata (v)
Coronilla valentina (ar)
Crocus cvs. (b)
Cytisus × *praecox* cvs. (ar)
Digitalis lutea (v)
Euphorbia sp. et cvs. (v)
Geum 'Lady Strathenden' (v)
Helenium sp. et cvs. (v)
Heliopsis sp. et cvs. (v)
Hemerocallis sp. et cvs. (v)
Inula sp. et cvs. (v)
Jasminum nudiflorum (ar)
Limnanthes douglasii (a)
Lysimachia nummularia 'Aurea' (v)
Mahonia aquifolium (ar)
Narcissus cvs. (b)
Pæonia mlokosewitschii (v)
Primula sp. et cvs. (v)
Rosa cvs. (ar et g)
Rudbeckia sp. et cvs. (a et v)
Solidago sp. et cvs. (v)
Tagetes cvs. (a)
Trollius sp. et cvs. (v)
Tropæolum majus (a)
Tulipa cvs. (b)
Verbascum sp. et cvs. (v)
Viola × *wittrockiana* (a)

Fleurs rouges

Achillea 'Cerise Queen' (v)
Alcea rosea (v)
Astilbe 'Fanal' (v)
Centranthus ruber (v)
Cosmos atrosanguineus (v)
Dianthus cvs. (v)
Fuchsia cvs. (ar)
Geum 'Mrs Bradshaw' (v)
Impatiens cvs. (a)
Lobelia cvs. (v)
Lupinus 'Edelknabe' (v)
Lychnis chalcedonica (v)
Pæonia sp. et cvs. (v)
Papaver orientale (v)
Pelargonium cvs. (a/v)
Penstemon cvs. (v)

Petunia cvs. (a/v)
Potentilla 'Gibson's Scarlet' (v)
Potentilla fruticosa 'Red Ace' (ar)
Rosa cvs. (ar et g)
Tulipa cvs. (b)

Fleurs roses
Anemone × *hybrida* (v)
Antirrhinum cvs. (a)
Armeria sp. et cvs. (v)
Aster sp. et cvs. (v)
Cistus sp. et cvs. (ar)
Colchicum sp. (b)
Cyclamen hederifolium (b)
Dahlia cvs. (b)
Deutzia sp. et cvs. (ar)
Dianthus sp. et cvs. (v)
Diascia sp. et cvs. (v)
Dicentra sp. et cvs. (v)
Erigeron cvs. (v)
Fuchsia cvs. (ar)
Geranium sp. et cvs. (v)
Hydrangea sp. et cvs. (ar)
Impatiens cvs. (a/v)
Lamium roseum (v)
Lychnis flos-jovis (v)
Malva moschata (v)
Papaver orientale 'Juliane' (v)
Penstemon 'Hidcote Pink' (v)
Persicaria sp. et cvs. (v)
Petunia cvs. (a/v)
Primula sp. et cvs. (v)
Sedum spectabile (v)
Sidalcea sp. et cvs. (v)
Tulipa cvs. (b)

Fleurs pourpres
Aster sp. et cvs. (v)
Centaurea sp. et cvs. (v)
Erigeron 'Dunkelste Aller' (v)
Erysimum 'Bowles Mauve' (v)
Exacum affine (a)
Geranium sp. et cvs. (v)
Hebe sp. et cvs. (ar)
Hyacinthus cvs. (b)
Liatris spicata (v)
Linaria purpurea (v)
Lythrum sp. et cvs. (v)
Osteospermum jucundum (v)
Penstemon 'Burgundy' (v)
Petunia cvs. (a/v)
Salvia viridis (a)
Stachys macrantha (v)
Syringa cvs. (ar)
Verbena bonariensis (v)

Fleurs blanches
Achillea ptarmica 'The Pearl' (v)
Anemone 'Honorine Jobert' (v)
Anthemis punctata ssp. *cupaniana* (v)
Argyranthemum frutescens (a/v)
Astilbe 'Irrlicht' (v)
Campanula cvs. (v)
Cistus sp. (ar)
Convolvulus cneorum (ar)
Dianthus cvs. (v)
Echinops sphaerocephalus (v)
Geranium sanguineum 'Album' (v)
Gypsophila paniculata 'Bristol Fairy' (v)
Iberis amara (a)
Lamium maculatum 'White Nancy' (v)
Leucanthemum × *superbum* cvs. (v)
Nicotiana cvs. (a)
Olearia sp. (ar)
Osmanthus sp. et cvs. (ar)
Osteospermum 'Whirligig' (a/v)
Petunia cvs. (a/v)
Polygonatum × *hybridum* (v)
Potentilla fruticosa cvs. (ar)
Prunus sp. et cvs. (ar et arb)
Pulmonaria officinalis 'Sissinghurst White' (v)
Spiraea sp. et cvs. (ar)
Viburnum sp. et cvs. (ar)
Yucca sp. (ar)

Plantes à feuillage coloré

Feuillage argenté
Artemisia sp. et cvs. (v)
Cerastium tomentosum (v)
Convolvulus cneorum (ar)
Cynara cardunculus (v)
Elaeagnus 'Quicksilver' (ar)
Eryngium giganteum (v)
Hebe pinguifolia 'Pagei' (ar)
Lavandula angustifolia (ar)
Melianthus major (a/v)
Onopordum sp. (a)
Pyrus salicifolia 'Pendula' (arb)
Santolina chamæcyparis (v)
Senecio cineraria (a/v)
Stachys byzantina (v)
Tanacetum haradjanii (v)

Feuillage pourpre
Acer palmatum 'Atropurpureum' (arb)
Ajuga reptans 'Atropurpurea' (v)
Berberis thunbergii 'Atropurpurea' (ar)
Clematis recta 'Purpurea' (v)
Cordyline australis 'Atropurpurea' (ar)
Cotinus coggygria 'Royal Purple' (ar)
Dahlia 'Bishop of Llandaff' (v)
Fœniculum vulgare 'Purpureum' (v)
Heuchera micrantha 'Palace Purple' (v)
Lobelia cardinalis (v)
Phormium tenax 'Purpureum' (v)
Prunus cerasifera 'Nigra' (arb)
Ricinus communis 'Gibsonii' (a)
Rosa glauca (ar)
Salvia officinalis 'Purpurascens' (ar)
Sedum telephium 'Atropurpureum' (v)
Viola riviniana 'Purpurea' (v)
Vitis vinifera 'Purpurea' (g)

Feuillage doré
Acer japonicum 'Aurea' (arb)
Carex stricta 'Bowles' Golden' (v)
Filipendula ulmaria 'Aurea' (v)
Fuchsia 'Golden Treasure' (ar)
Gleditsia triacanthos 'Sunburst' (arb)
Hebe armstrongii (ar)
Hedera helix 'Buttercup' (g)
Hosta sp. et cvs. (v)
Humulus lupulus 'Aureus' (g)
Ligustrum ovalifolium 'Aureum' (ar)
Lonicera nitida 'Baggesen's Gold' (ar)
Lysimachia nummularia 'Aurea' (v)
Milium effusum 'Aureum' (v)
Origanum vulgare 'Aureum' (v)
Philadelphus coronarius 'Aureus' (ar)
Physocarpus opulifolius 'Luteus' (ar)
Robinia pseudoacacia 'Frisia' (arb)
Sambucus racemosa 'Plumosa Aurea' (ar)
Tanacetum parthenium 'Aureum' (v)
Taxus baccata 'Aurea' (arb)

Feuillage bleu
Elymus magellanicus (v)
Eucalyptus gunnii (arb)
Hosta 'Blue Boy' (v)
Hosta 'Hadspen Blue' (v)
Hosta 'Halcyon' (v)
Hosta sieboldiana 'Elegans' (v)

Feuillage panaché
Acer negundo 'Variegatum' (arb)
Actinidia kolomikta (g)
Aquilegia 'Woodside' (v)
Aralia elata 'Aureovariagata' (arb)
Astrantia major 'Sunningdale Variegated' (v)
Brunnera macrophylla 'Hadspen Cream' (v)
Cornus alba 'Elegantissima' (ar)
Cortaderia selloana 'Gold Band' (v)
Elaeagnus pungens 'Maculata' (ar)
Eryngium bourgatii (v)
Euonymus fortunei 'Emerald'n Gold' (ar)
Euphorbia marginata (a)
Fragaria × *ananassa* 'Variegata' (v)
Hakonechloa macra 'Aureola' (v)
Hedera sp. et cvs. (g)
Hosta sp. et cvs. (v)
Ilex sp. et cvs. (arb)
Iris pallida 'Variegata' (v)
Lamium maculatum (v)
Lonicera japonica 'Aureoreticulata' (g)
Miscanthus sinensis 'Zebrinus' (v)
Phalaris arundinacea 'Picta' (v)
Phormium 'Sundowner' (v)
Pleioblastus auricomus (v)
Pulmonaria saccharata (v)
Rhamnus alaternus 'Argenteovariegata' (arb)
Salvia officinalis 'Icterina' (ar)
Silybum marianum (a)
Sisyrinchium striatum 'Aunt May' (v)
Symphytum × *uplandicum* 'Variegatum' (v)
Tanacetum vulgare 'Silver Lace' (v)
Vinca major 'Variegata' (ar)

Petits arbres

Acer japonicum
Betula pendula 'Youngii'
Cercis siliquastrum
Ilex × *altaclarensis*
Laburnum × *waterei* 'Vossii'
Malus 'Profusion'
Prunus serrula
Pyrus salicifolia 'Pendula'
Sorbus hupehensis

Arbustes à feuillage persistant

Abelia sp. et cvs.
Azara sp. et cvs.
Berberis sp. et cvs.
Buxus sempervirens
Ceanothus sp. et cvs.
Choisya ternata
Convolvulus cneorum
Cotoneaster sp. et cvs.
Daphne sp. et cvs.
Elaeagnus pungens
Escallonia sp. et cvs.
Euonymus fortunei
Garrya elliptica
Hebe sp. et cvs.
Ilex sp. et cvs.
Laurus nobilis
Mahonia sp. et cvs.
Osmanthus sp. et cvs.
Photinia sp. et cvs.
Pieris sp. et cvs.
Prunus lusitanicus
Rhododendron sp. et cvs.
Sarcococca sp. et cvs.
Skimmia japonica
Viburnum tinus
Vinca sp. et cvs.

GLOSSAIRE

A

Annuelle : plante qui accomplit l'ensemble de son cycle végétatif, de la germination à la formation des graines, dans la même année.

B

Berge (plante de) : qui pousse dans un sol temporairement inondé ou constamment humide, en bordure d'une pièce d'eau.
Bisannuelle : plante qui fleurit, forme des fleurs et meurt l'année suivant celle de la germination.
Bouture : portion de plante utilisée pour la multiplication. On peut prélever des boutures de racine, basales (issues de jeunes pousses de plantes herbacées au printemps), de bois vert (à l'extrémité de jeunes tiges), herbacées (jeunes pousses coupées en début de saison), semi-ligneuses (pousses en cours de lignification), ou ligneuses (tiges lignifiées, coupées en fin de saison).
Bractée : feuille modifiée à la base de la fleur ou de l'inflorescence, qui peut ressembler à une petite feuille normale ou être plus développée et colorée.
Broderies (jardin de) : parterre ornemental composé de motifs dessinés par des haies basses taillées, l'espace entre les haies étant garni de fleurs ou gravillons.
Bulbe : organe végétal de réserve, généralement souterrain, abritant le bourgeon central de la tige qui se développera la saison suivante.
Bulbille : petit bulbe se développant à la base d'un bulbe ou à l'aisselle des feuilles, sur la tige, comme certains lis.

C

Caduque (feuillage) : plante qui perd ses feuilles chaque année.
Calice : enveloppe externe, généralement verte, de la fleur, composée des sépales qui entourent les pétales dans le bourgeon.
Classification : pour faciliter l'identification des plantes, elles sont regroupées en familles, genres, espèces, variétés ou cultivars. Ainsi dans la famille du rosier, les Rosacées (*Rosaceae*), *Rosa* est le genre, *R. gallica* est une espèce de rosier, *R.g.* var. *officinalis* est une variété, *R. g.* 'Versicolor' un hybride ou cultivar.
Collet : partie d'une plante herbacée d'où se développent les tiges, qui meurent en fin de saison jusqu'au niveau du collet tandis que les racines persistent dans le sol.
Cormus : base d'une tige renflée, servant d'organe de réserve, similaire à un bulbe, mais dépourvue de plusieurs tuniques ou écailles ; c'est une structure annuelle, le cormus de la saison suivante se développant à partir d'un bourgeon proche du précédent.
Cultivar : sous-groupe identifié au sein d'une espèce, obtenu par hybridation, naturelle ou provoquée. Il est généralement nommé par l'obtenteur, comme *Clematis* 'Bill Mackenzie'.

D

Division : opération qui consiste à éclater une touffe en plusieurs portions comprenant chacune racines et pousses, aptes à donner une nouvelle plante. Elle est généralement entreprise en période de repos végétatif.
Double : se dit d'une fleur ou inflorescence comptant plusieurs rangées de pétales et non une seule comme chez l'espèce type. *Bellis perennis* 'Alba Plena' est une forme double de la pâquerette.

E

Endurcir : acclimater peu à peu les plantes cultivées sous serre aux conditions du jardin, en les exposant de plus en plus longtemps à la température extérieure avant de les planter ou sortir définitivement.
Espèce : voir classification.

F

Famille : voir classification.

G

Genre : voir classification.
Glauque : couvert d'une pruine, enduit cireux ou farineux, vert bleuté ou bleu-blanchâtre.
Grappe : longue inflorescence non-ramifiée, dont les fleurs s'ouvrent de bas en haut le long de la tige.
Grimpante : plante qui utilise d'autres plantes ou structures comme support dans sa croissance. Sans cela, les tiges lâches rampent sur le sol.

H

Herbacée : plante dont les tiges non lignifiées meurent en hiver, mais dont les racines émettent de nouvelles pousses au printemps.
Humus : matière organique en voie de décomposition, naturellement présente ou incorporée à la couche superficielle du sol, dont elle améliore la fertilité et la capacité de rétention d'eau.
Hybride : plante issue du croisement de deux espèces différentes, en général au sein d'un même genre, obtenue en culture ou parfois dans la nature. Un hybride F1 correspond à la première génération du croisement entre deux lignées pures. Les plantes issues des hybrides, et hybrides F1 en particulier, ne sont généralement pas fidèles au type des parents.

I

Inflorescence : groupe de petites fleurs ayant l'aspect d'une seule grande fleur (comme la marguerite) ou disposition des fleurs sur une tige, comme pour les panicules ou grappes de fleurs.
Intercalaire (culture) : plante à croissance rapide cultivée entre des rangs de plantes plus longues à se développer, comme des laitues cultivées entre des oignons.

K

Kiosque : structure décorative, généralement métallique ou en bois, légèrement surélevée.

M

Microclimat : surface réduite différant du climat moyen environnant par un aspect particulier. Le pied d'un mur peut ainsi présenter un microclimat abrité.

P

Paillis : couche de matière organique ou inorganique, étalée sur le sol pour mieux retenir l'humidité, limiter la croissance des mauvaises herbes et les variations de température.
Panicule : inflorescence ramifiée de forme pyramidale, dont les fleurs s'ouvrent de bas en haut sur la tige, comme pour le lilas.
Persistant (feuillage) : plante qui conserve ses feuilles à la fin de la saison de végétation. Elle peut perdre ses vieilles feuilles tout au long de l'année. Les feuilles semi-persistantes ne tombent que par grand froid.
Picotee : se dit d'une fleur d'œillet à pétales clairs, soulignés d'un liseré plus foncé.

R

Racines en motte : ensemble des racines et de la terre qui y adhère lorsqu'on arrache ou dépote une plante, par exemple pour la transplanter ou rempoter.
Rejet : jeune plante qui se développe spontanément à la base du pied-mère.
Rhizome : tige souterraine, souvent horizontale, servant d'organe de réserve, qui émet racines et pousses.
Rustique : plante qui peut être cultivée dehors sous un climat donné ; dans nos régions tempérées, les plantes rustiques supportent les gelées sans protection particulière.

S

Semi-rustique : plante qui supporte des températures assez basses, mais pas le gel.
Sépales : éléments du calice, enveloppe externe de la fleur, généralement verts.
Simple (fleur) : qui compte le nombre normal de pétales pour l'espèce, souvent sur un seul rang.

T

Tige : on parle d'arbre-tige ou arbuste-tige pour les sujets présentant une certaine longueur de tige nue sous les premières ramifications ; certains arbustes, comme les rosiers ou les fuchsias, sont taillés pour former des rosiers ou fuchsias-tiges.
Topiaire : art de tailler arbres ou arbustes, souvent à feuilles persistantes, pour obtenir des formes particulières comme pyramide, sphère, etc. ; ou sujet taillé en topiaire.
Type : terme faisant référence à l'espèce végétale d'origine (pour un cultivar par exemple).

V

Variété : variante au sein d'une espèce, apparue spontanément ou par sélection.
Vivace : plante qui vit plus de deux saisons.

INDEX

Les chiffres en italiques renvoient aux illustrations.

REMERCIEMENTS

Le photographe, les auteurs et éditeurs souhaitent remercier les personnes et organismes suivants qui leur ont aimablement permis de photographier leur jardin :
Don Brant ; Tom & Jo Frosdick et leurs voisins ; Leeann MacKenzie ; Jan Scruton.

Les auteurs et éditeurs adressent leurs remerciements aux personnes et organismes suivants pour leur contribution à la réalisation de ce livre :
Val Bradley pour le texte de Choix des plantes ; Lisa Dyer, Lisa Pendreigh et Sorcha Hitchocox pour leur soutien éditorial ; Dr Petre Boyce, Tony Lord et Brian Matthew pour leur soutien dans l'identification et le contrôle des plantes.

Fournisseur de bacs, plantes, outils et équipements :
Granville Garden Center, Granville Road, Londres NW2.

Crédits photographiques :
Toutes les photos sont de Collins & Brown, sauf :
(h = haut ; b = bas ; d = droite ; g = gauche ; c = centre ; m = milieu)

Garden Picture Library : p. 6 (John Glover) ; p. 12 (John Glover) ; p. 26 (Juliet Wade) ; p. 27 (bd Marie O'Hara) ; p. 61 (hd Robert Estall) et (b Juliet Wade) ; p. 74 (cg Lamontagne) ; p. 82 (Lynne Brotchie) ; p. 84 (Marie O'Hara) ; p. 85 (Linda Burgess) ; p. 90 (bd Lynne Brothcie) ; p. 94 (Friedrich Strauss) ; p. 95 (hd Friedrich Strauss et bd Linda Burgess).

Michelle Garrett : p. 54 (bg) ; p. 68 (hd, bg) ; p. 69 ; p. 98 (hd) ; p. 122 (hg).

Collins & Brown Limited souhaite remercier les photographes suivants :
Michelle Garrett : p. 14 ; p. 15 ; p. 16 ; p. 17 ; p. 18 ; p. 19 ; p. 20 ; p. 21 ; p. 22 ; p. 23 ; p. 28 ; p. 29 ; p. 32 (hg, cd) ; p. 33 ; p. 34 ; p. 35 (hd) ; p. 36 (hg) ; p. 37 (hg, hd, bd) ; p. 38 ; p. 39 ; p. 40 ; p. 41 ; p. 42 ; p. 43 ; p. 44 ; p. 46 (bg) ; p. 47 (hg, bd) ; p. 48 (bd) ; p. 51 ; p. 52 (hd) ; p. 53 (hd) ; p. 56 (bg) ; p. 57 ; p. 58 ; p. 62 ; p. 63 ; p. 64 ; p. 65 ; p. 66 ; p. 67 ; p. 68 (hg) ; p. 70 ; p. 71 (hg, hd, bg) ; p. 72 ; p. 73 ; p. 74 (bg) ; p. 76 ; p. 77 ; p. 78 ; p. 79 ; p. 80 (hg, hm, bg) ; p. 81 ; p. 83 ; p. 86 (cm, cd, bm) ; p. 87 ; p. 88 (bg) ; p. 89 ; p. 90 ; p. 108 (hd, bg, bm) ; p. 109 (hm, hd, bg, bm) ; p. 110 (cd, bg, bm, bd) ; p. 111 (hd, bd) ; p. 112 (bd) ; p. 115 (bd) ; p. 116 (bg) ; p. 117 (hg, hd, cd) ; p. 130 (hg) ; p. 136 (hg).

Howard Rice : p. 50 (bd) ; p. 114 (bd) ; p. 119 ; p. 121 ; p. 122 (bm, bd) ; p. 123 (cm, bm, bd) ; p. 125 (hg, hm, hd, cd) ; p. 126 ; p. 127 (hd, cd) ; p. 128 (hg, hd, cd) ; p. 129 ; p. 130 (bd) ; p. 131 ; p. 132 ; p. 133 (h2[e]g, h2[e]d, cg) ; p. 134 ; p. 135 ; p. 136 (bm, bd) ; p. 137.

Steven Wooster : p. 1 ; p. 2 ; p. 7 ; p. 8 ; p. 9 ; p. 10 ; p. 11 ; p. 13 ; p. 24 ; p. 25 ; p. 27 (hg) ; p. 30 ; p. 31 ; p. 32 (bg) ; p. 35 (b) ; p. 36 (bd) ; p. 37 (bg) ; p. 45 ; p. 49 ; p. 50 (hd) ; p. 55 ; p. 56 (bd) ; p. 59 ; p. 60 ; p. 75 ; p. 88 (hg) ; p. 92 ; p. 93 ; p. 98 (bm) ; p. 118 ; p. 123 (cd, bg) ; p. 124 ; p. 127 (hg, hm, cm, bd) ; p. 128 (hm) ; p. 133 (hg, hd, cd).